Gabriel Massias

Investir en bourse avec le PEA

Se créer des sources de revenus passifs quand on est débutant

The 3M Bros Company

Je tiens à exprimer ma gratitude à mon oncle Roland, qui a toujours été un mentor et un guide pour moi. Son soutien et ses conseils ont été inestimables pendant la rédaction de ce livre.

Je suis fier de pouvoir partager ces connaissances avec vous et je suis convaincu que les informations présentées vous aideront à prendre le contrôle de votre avenir financier. Merci encore, Roland, pour ta contribution à mon développement !

"La règle n°1 est de ne jamais perdre d'argent.

La règle n° 2 est de ne jamais oublier la règle n°1"

Warren Buffett

"C'est toujours l'impatience de gagner qui fait perdre."

Louis XIV

"Les intérêts composés sont la huitième merveille du monde.

Celui qui le comprend s'enrichit ; celui qui ne le comprend pas, le paie"

Albert Einstein

Sommaire

Pourquoi avez-vous besoin de ce livre ?

Je m'appelle Gabriel et je suis fier de vous partager mon histoire et mon parcours. L'investissement en bourse peut sembler intimidant, surtout lorsque l'on ne connaît pas les rouages du système. Cependant, ce n'est pas une raison pour ne pas se lancer et explorer les opportunités qui s'offrent à vous. Avez-vous déjà imaginé ce que pourrait être votre vie si vous aviez accès à de l'argent supplémentaire pour réaliser vos rêves les plus fous ? Si vous êtes prêt à sortir de votre zone de confort et à investir dans votre avenir, alors ce livre est fait pour vous !

Tout a commencé lorsque j'étais jeune. À l'époque, je croyais fermement que pour réussir financièrement, il fallait simplement travailler dur et économiser de l'argent. Cependant, à mesure que je grandissais, j'ai réalisé que cette stratégie ne me permettrait pas d'atteindre les résultats financiers que je souhaitais vraiment.

J'ai découvert l'importance de l'investissement lors d'un dîner en famille où mon oncle maternel, Roland, a partagé ses connaissances avec moi. Roland était un homme d'affaires prospère et sa réussite financière m'inspirait beaucoup.

Il m'a alors raconté comment il avait réussi à accumuler une si grande richesse et il m'a expliqué qu'il avait commencé à investir dès qu'il avait eu son premier salaire. Il m'a montré comment il investissait dans des actions, des ETF et des propriétés immobilières pour faire fructifier son argent et créer de la richesse à long terme.

J'ai été inspiré par son histoire et j'ai commencé à me renseigner davantage sur l'investissement. J'ai découvert que je pouvais utiliser les mêmes stratégies que lui pour atteindre mes propres objectifs financiers. J'ai commencé à économiser de l'argent et à investir petit à petit, tout en apprenant au fur et à mesure. Au fil des années, mes investissements ont commencé à porter leurs fruits.

C'est à ce moment-là que j'ai compris l'importance de l'investissement dans la création de richesse à long terme. C'est pour cette raison que je suis devenu un fervent défenseur de l'investissement et que je suis maintenant ravi de partager mes connaissances et mon expérience avec vous.

Comme beaucoup d'entre nous, je me suis retrouvé face à un dilemme lorsque j'ai commencé à explorer les opportunités d'investissement. D'un côté, je voulais maximiser mes gains et créer de la richesse pour mon avenir, mais de l'autre, je n'étais pas sûr de moi et je craignais de faire des erreurs. Cependant, je savais que je devais sortir de ma zone de confort et apprendre à naviguer dans le monde de l'investissement si je voulais vraiment réussir !

J'ai donc pris la décision de commencer à investir petit à petit, en veillant à ne pas mettre tous mes œufs dans le même panier. J'ai étudié les marchés financiers et j'ai appris de mes erreurs, en gardant toujours en tête que la clé pour réussir en tant qu'investisseur était de se former continuellement. Et petit à petit, j'ai commencé à voir les résultats positifs de mes investissements.

Je sais que beaucoup d'entre vous peuvent se reconnaître dans ce parcours, et je veux que vous sachiez que vous n'êtes pas seul. Nous avons tous peur de l'inconnu, mais l'investissement peut être un moyen merveilleux de créer de la richesse pour votre avenir, à condition d'être prêt à apprendre et à grandir.

J'ai également appris l'importance de la diversification de mon portefeuille d'investissement pour minimiser les risques et maximiser les rendements. J'ai commencé à utiliser un PEA pour investir dans des actions et dans des ETF français, puis dans des actions et dans des ETF européens, ce qui m'a permis de bénéficier des avantages fiscaux.

En tant qu'investisseur, nous avons tous le pouvoir de créer notre propre richesse, mais cela nécessite de comprendre les risques et les opportunités qui se présentent à nous. L'investissement peut être une merveilleuse opportunité, mais il peut également causer des dégâts irréparables si nous n'utilisons pas cet outil avec sagesse.

C'est pourquoi il est crucial de ne pas prendre ce livre comme un mode d'emploi, mais plutôt comme un guide pour vous aider à développer votre propre approche de l'investissement. N'oubliez jamais que vous êtes le seul responsable de vos investissements. La clé pour être un investisseur rentable est d'apprendre continuellement et de faire les meilleurs choix possibles en fonction de votre situation personnelle.

Mon but en écrivant ce livre est de fournir une compréhension claire et concise des principes de l'investissement en bourse avec le PEA. Mon objectif est de démystifier l'investissement en bourse et de permettre à chacun de prendre des décisions financières éclairées. J'ai travaillé dur pour simplifier les concepts financiers afin que tout le monde puisse comprendre comment investir avec le PEA. Mon souhait est que ce livre soit un guide accessible pour les débutants en investissement.

Aujourd'hui, à 34 ans, je suis fier de dire que je suis devenu un investisseur chevronné et que j'ai créé des sources de revenus passives grâce à mes investissements. Je suis également heureux de partager mes connaissances avec vous à travers ce livre et j'espère sincèrement vous aider à devenir libre financièrement.

Il est temps d'agir pour votre avenir financier. Prenez les rênes de votre vie et investissez dans votre avenir. Commencez dès maintenant à explorer les possibilités offertes par le PEA pour atteindre la liberté financière que vous méritez. Je vais faire de vous un investisseur éclairé et compétent. Êtes-vous prêt ?

"J'aimerais avoir votre avis sincère sur ce livre exprimé dès que vous l'aurez fini.

Je vous assure que ce n'est pas pour nourrir mon ego, mais plutôt pour m'indiquer ce que vous a apporté ce livre, ce que vous auriez éventuellement moins aimé, ce qui a pu vous manquer, de sorte que je puisse enrichir cet ouvrage qui évolue avec le temps puisque je continuerai de l'actualiser.

Je vous remercie sincèrement et je vous souhaite une bonne lecture !"

Partie 1 :

Découvrir les secrets de la bourse

"Le risque provient de ne pas savoir ce que l'on fait."

Warren Buffett

Chapitre 1 : S'enrichir avec la bourse

1. Qu'est-ce que la bourse ?

Bienvenue à votre première leçon sur la bourse ! Dans ce chapitre, nous allons découvrir ensemble ce qu'est la bourse, comment elle fonctionne et pourquoi c'est important pour vous.

A. Définition de la bourse

La bourse, c'est un endroit où les investisseurs, comme vous et moi, peuvent acheter et vendre des parts d'entreprises.

En achetant une part d'une entreprise à la bourse, vous devenez un propriétaire partiel de cette entreprise et recevez une partie de ce qu'elle gagne sous forme de dividendes. Vous pouvez aussi acheter ces parts à un bon prix et les vendre plus tard à un prix plus élevé, afin de faire un profit.

C'est comme investir dans une pizzeria. Si la pizzeria marche bien et que les gens aiment ses pizzas, alors les profits de la pizzeria vont augmenter, et votre part dans la pizzeria va aussi augmenter. C'est pareil avec les actions en bourse, sauf que ce sont les profits d'une entreprise qui augmentent à la place d'une pizzeria.

B. Un exemple pour mieux comprendre

Supposons que vous décidiez d'acheter des actions d'une entreprise nommée XYZ. En achetant ces actions, vous devenez un propriétaire partiel de l'entreprise et partagez ses profits et ses pertes. Si l'entreprise réalise de bons résultats et que ses actions augmentent de valeur, vous pouvez vendre vos actions à un prix plus élevé et réaliser un bénéfice. C'est là que la bourse entre en jeu, car c'est là que vous pouvez vendre et acheter ces actions.

Il est important de noter que la bourse est un marché volatile, ce qui signifie que les prix des actions peuvent varier avec le temps. C'est pourquoi, il est crucial d'être bien formé avant d'investir en bourse !

En conclusion, la bourse est un lieu où les investisseurs peuvent acheter et vendre des actions d'entreprises en espérant réaliser un retour sur investissement à long terme.

Rassurez-vous, dans ce livre vous saurez tout ! Nous approfondirons ensemble votre connaissance de la bourse et découvrirons comment elle peut vous aider à atteindre vos objectifs financiers. Alors, tenez-vous prêt !

2. Comment fonctionne la bourse ?

A. Les actions

La bourse est un moyen de s'enrichir en investissant dans des entreprises qui créent de la richesse. Pour comprendre comment ça fonctionne, nous devons d'abord parler des actions. Les actions sont des morceaux de propriété d'une entreprise. Lorsque vous achetez une action, vous devenez propriétaire d'une petite partie de l'entreprise. Vous avez donc le droit de participer aux bénéfices et aux décisions de l'entreprise. Maintenant, comment les actions sont-elles vendues et achetées à la bourse ? C'est simple. Les entreprises vendent des actions pour obtenir de l'argent, et les investisseurs achètent des actions pour devenir propriétaires de ces entreprises et espérer recevoir des bénéfices futurs. La bourse est le lieu où ces actions sont vendues et achetées.

L'autre aspect important du fonctionnement de la bourse est l'évaluation des actions. Comment savons-nous combien coûte une action ? C'est là que les indices boursiers entrent en jeu. Les indices boursiers sont des références qui montrent la performance d'un groupe d'actions. En suivant l'évolution de ces indices, nous pouvons avoir une idée de la performance générale de la bourse.

En conclusion, la bourse est un moyen d'investir dans des entreprises qui créent de la richesse en achetant des actions. Les actions sont vendues et achetées à la bourse et leur valeur est déterminée en fonction des indices boursiers. Maintenant que vous en savez un peu plus sur les actions, nous allons explorer d'autres aspects de l'investissement boursier.

B. Les ETF

Parlons maintenant des ETF, ou fonds indiciels cotés en bourse. Les ETF sont des produits financiers qui permettent aux investisseurs d'acheter une large gamme d'actions en un seul achat. Contrairement aux actions individuelles, les ETF permettent aux investisseurs de diversifier leur portefeuille en achetant des actions de plusieurs entreprises à la fois.

Les ETF suivent généralement un indice boursier, tels que le S&P 500 ou le NASDAQ.

Voici les 10 indices boursiers les plus souvent cités :

- DJIA (Dow Jones Industrial Average) - États-Unis
- S&P 500 (Standard & Poor's 500) - États-Unis
- NASDAQ Composite - États-Unis
- Nikkei 225 - Japon
- FTSE 100 - Royaume-Uni
- DAX 30 - Allemagne
- CAC 40 - France
- Hang Seng - Hong Kong
- Shanghai Composite - Chine
- BSE Sensex - Inde

Lorsque l'indice monte, le prix des actions dans l'ETF augmente également, permettant aux investisseurs de gagner de l'argent.

Imaginez si vous deviez acheter chacune des 500 actions qui constituent l'indice S&P 500 ! Il vous faudrait une véritable fortune et un temps considérable pour pouvoir tout gérer...

L'avantage des ETF est qu'ils offrent une façon simple et abordable d'investir dans la bourse sans avoir à acheter les actions individuellement.

Les ETF sont également très liquides, ce qui signifie que les investisseurs peuvent facilement acheter et vendre des ETF à tout moment.

3. Les avantages de l'investissement en bourse

Chers débutants en bourse, il est temps d'entrer dans le vif du sujet et de découvrir les avantages de l'investissement en bourse. Vous avez peut-être entendu dire que la bourse peut offrir des rendements élevés sur le long terme ?

A. La magie des dividendes

Les dividendes sont des paiements en espèces que les entreprises versent à leurs actionnaires (vous dès que vous aurez acheté une action) par rapport à leur part de l'entreprise. Les dividendes peuvent être vus comme des intérêts sur l'investissement que vous avez fait en achetant des actions de l'entreprise.

Les dividendes vous aident à vous enrichir de plusieurs façons. Tout d'abord, les entreprises qui versent régulièrement des dividendes sont souvent considérées comme stables et financièrement saines, ce qui peut augmenter la valeur de vos actions sur le long terme. De plus, les dividendes vous permettent de recevoir un flux de revenu régulier sans avoir à vendre vos actions, ce qui vous aide à construire votre richesse sur le long terme.

Il est important de noter que toutes les entreprises ne versent pas de dividendes et que les dividendes peuvent varier en fonction de la performance de l'entreprise.

B. Les intérêts composés et leur puissance

C'est vrai, les intérêts composés augmentent votre investissement à un rythme exponentiel au fil des ans.

Les intérêts composés sont comme un effet boule de neige pour votre argent. Chaque année, les intérêts gagnés sur votre argent sont ajoutés à votre capital, et vous gagnez des intérêts sur l'ensemble de la somme la prochaine année. Avec le temps, les intérêts cumulés deviennent de plus en plus importants !

Si vous investissez de l'argent dans une entreprise qui gagne de l'argent, vous pouvez gagner de l'argent sur l'argent que vous avez déjà gagné. Cela peut sembler un peu compliqué au début, mais tout ce qu'il faut retenir c'est que cela va vous aider à devenir de plus en plus riche au fil du temps.

Lorsque vous investissez dans des actions qui paient des dividendes, vous recevez un peu d'argent supplémentaire chaque année en plus de l'augmentation de la valeur de vos actions. Cet argent supplémentaire peut être réinvesti, ce qui signifie que vous gagnez des intérêts sur vos intérêts.

Au fil des ans, cela conduit à une croissance exponentielle de votre capital. Ce n'est pas pour rien qu'Albert Einstein disait que les intérêts composés sont la huitième merveille du monde ! C'est pour cela que des personnes qui ont investi seulement quelques dizaines de milliers d'euros, il y a 20 ou 30 ans, se retrouvent millionnaire aujourd'hui !

C. Diversifier votre patrimoine

Un jour, mon fils de 10 ans m'a demandé “Papa, pourquoi est-ce que tu achètes des parts d'entreprise ?” Voici ce que je lui ai répondu :

“Imagine que tu aies un panier avec tout ton argent dedans. Si tu mets tout ton argent dans une seule entreprise, c'est comme si tu mettais tout ton argent dans un seul panier. Si cette entreprise ne va pas bien, alors ton argent ne sera plus en sécurité et tu pourrais le perdre.

Au lieu de ça, si tu investis dans différentes entreprises, c'est comme si tu mettais ton argent dans plusieurs paniers différents. Même si un panier ne va pas bien, tu as toujours d'autres paniers qui peuvent compenser cette perte et protéger ton argent ! Enfin, tu peux investir en bourse n'importe quand et n'importe où dans le monde, ce qui signifie que tu peux choisir les meilleures opportunités d'investissement pour toi à n'importe quel moment. Tu n'es plus limité des freins !”

L'investissement en bourse offre la possibilité de diversifier votre patrimoine. Au lieu de tout investir dans un seul secteur, ou dans un seul pays (comme c’est souvent le cas avec l'investissement immobilier), vous pouvez investir dans des actions ou dans des ETF de différents secteurs et de différents pays. Cela réduit votre risque global, car si l'un de vos investissements connaît des difficultés, vos autres investissements peuvent compenser cette perte !

Enfin, l'investissement en bourse vous offre une grande flexibilité. Vous pouvez investir en bourse à tout moment et n'importe où dans le monde, ce qui vous donne accès à de nombreuses opportunités d'investissement. Vous n'êtes plus limité par les horaires d'ouverture des banques ou par l'emplacement physique des entreprises.

4. Les règles d'or pour s'enrichir avec la bourse

Pour s'enrichir avec la bourse, il est important de suivre les étapes suivantes.

A. Éduquez-vous

La connaissance est la clé pour réussir en bourse. Il est important de comprendre les mécanismes du marché, les différents types d'actions, les indicateurs économiques et financiers, etc. Il existe de nombreuses ressources en ligne en plus de ce livre, pour vous aider à vous informer et à développer vos connaissances en la matière.

Voici quelques sites internet fiables en français pour développer vos connaissances en matière de bourse et d'investissement :

- Boursorama
- Investir.fr
- Bourse Direct
- Les Echos Bourse
- Zonebourse

Ces sites proposent des informations, des conseils, des analyses, et des actualités sur la bourse et les marchés financiers pour vous aider à mieux comprendre les mécanismes du marché.

Si vous êtes à l'aise avec l'anglais, il y a également des sites très performants (car les Américains sont toujours en avance sur nous) sur le marché anglophone. Voici les meilleurs :

- Investing.com
- Morningstar.com
- S&P Global Ratings.com
- Yahoo Finance
- CNBC.com
- NASDAQ.com
- Motley Fool
- Seeking Alpha
- The Balance
- Forbes Investing
- Wall Street Journal Market Data Center

B. Établissez vos objectifs

Déterminez pourquoi vous voulez investir en bourse et quels sont vos objectifs financiers.

Si vous voulez réussir en bourse, il est important d'avoir une vision claire de ce que vous voulez accomplir. Pour ce faire, je vous conseille d'établir vos objectifs financiers en premier lieu.

Cela peut inclure des objectifs à court, moyen et long terme. Peut-être que vous voulez économiser de l'argent pour une retraite confortable, ou pour financer un projet personnel ou familial important. Peut-être que vous voulez simplement diversifier votre portefeuille et vous préparer à l'avenir. Quelle que soit la raison, déterminer clairement vos objectifs est un premier pas crucial pour réussir en bourse. En sachant ce que vous voulez accomplir, vous pourrez prendre des décisions éclairées et orienter votre stratégie en conséquence.

Voici des questions à vous poser pour trouver votre objectif d'investissement :

- Quel est mon objectif financier à long terme ?
- Est-ce que je souhaite construire ma richesse pour la retraite ?
- Est-ce que je souhaite générer des revenus supplémentaires ?
- Est-ce que je souhaite me diversifier pour minimiser les risques ?
- Quelle est ma tolérance au risque ?
- Quel est mon horizon d'investissement (à court, à moyen ou à long terme) ?
- Quel est mon budget d'investissement ?
- Est-ce que je veux investir pour des causes éthiques ou durables ?
- Est-ce que je veux faire de l'investissement en bourse une source de revenus passive ?

C. Élaborez votre stratégie d'investissement

Maintenant que vous avez établi vos objectifs financiers, il est temps de mettre en place une stratégie d'investissement solide. Vous devez prendre une décision sur la façon dont vous souhaitez investir en bourse.

Allez-vous acheter des actions individuelles pour avoir un contrôle plus direct sur votre portefeuille, ou préférez-vous investir dans des ETF pour une approche plus diversifiée ?

Ce choix dépendra de vos objectifs financiers, de votre tolérance au risque et de votre expérience en matière d'investissement en bourse.

Il est crucial de ne pas se disperser et de choisir une stratégie d'investissement qui vous convient. Chaque investisseur a des objectifs différents et une tolérance au risque unique, il est donc important de prendre le temps de réfléchir à votre stratégie personnelle. Il y a plusieurs voies pour investir en bourse, mais il est crucial de choisir une stratégie qui convient à vos objectifs financiers, votre tolérance au risque et votre expérience. Si vous ne prenez pas le temps de bien élaborer votre stratégie, vous risquez de ne pas atteindre vos objectifs financiers et de subir des pertes.

Si je vous dis ça c'est que lorsque l'on débute, on ne réalise pas forcément qu'il existe des dizaines et des dizaines de stratégies différentes. Par exemple, vous pouvez :

- Investir dans des fonds négociés en bourse (ETF) pour une diversification maximale

- Investir dans des entreprises étrangères

- Utiliser des options pour profiter de la volatilité du marché

- Investir dans des entreprises qui produisent des biens ou des services à l'échelle mondiale

- Investir dans des entreprises spécialisées en immobilier (les foncières cotées)

- Investir dans des startups prometteuses

- Etc.

Je pourrais continuer cette liste encore pendant longtemps ! Rassurez-vous, nous allons voir ensemble dans les chapitres suivants comment élaborer un portefeuille et une stratégie adaptée à vous.

D. Surveillez vos investissements

La surveillance de vos investissements est cruciale pour atteindre vos objectifs financiers. Il est important de suivre l'évolution de votre portefeuille et d'être prêt à ajuster votre stratégie en fonction des conditions du marché. Ne laissez pas vos émotions prendre le dessus, soyez objectif et analytique dans votre approche pour maximiser vos chances de réussite.

Les fluctuations du marché peuvent souvent être stressantes et provoquer de l'anxiété, mais il est important de rester “neutre” pour maximiser vos chances de réussite. Évitez de vous laisser emporter par la peur lorsque les prix des actions baissent ou par l'excitation lorsqu'ils augmentent. Gardez à l'esprit votre stratégie d'investissement et vos objectifs financiers à long terme, et ne prenez pas de décisions impulsives basées sur des émotions du moment.

Personnellement, il m'est déjà arrivé dans mon PEA d'avoir des actions qui fluctuent fortement. Par exemple, j'ai investi dans une entreprise qui a perdu 50 % de sa valeur en 1 an ! Je sais pertinemment que la plupart des personnes auraient vendu cette position, mais moi je l'ai gardé, car je sais que sur le long terme cette entreprise continuera de croître. En effet, cette entreprise est une des plus importantes de son secteur. De plus, elle est située dans un secteur qui répond à un besoin vital de l'être humain : se loger. Nous sommes d'accord, ce n'est pas demain que nous arrêterons d'habiter dans des maisons !

E. Soyez patient

L'investissement en bourse n'est pas une course, mais un marathon !

Ne soyez pas tenté de prendre des décisions impulsives en réaction à des fluctuations à court terme du marché. Gardez en tête votre plan d'investissement et votre objectif final, et restez patient pour voir vos investissements croître au fil du temps.

Les grands gagnants en bourse sont ceux qui restent sur le marché pendant de nombreuses années. La patience est une vertu pour réussir en bourse, alors restez concentré sur vos objectifs à long terme et ne cédez pas à vos impulsions.

Warren Buffett est un célèbre investisseur américain et l'un des hommes les plus riches du monde. Il est considéré comme l'un des plus grands investisseurs en bourse de tous les temps. Tout au long de votre parcours, il est évident que vous entendrez parler de lui !

Il est le PDG de Berkshire Hathaway, une société d'investissement multi-secteurs basée à Omaha, dans le Nebraska. Il est connu pour son approche de long terme de l'investissement, axée sur la recherche de sociétés sous-évaluées avec un fort potentiel de croissance à long terme. Buffet est souvent cité pour ses maximes judicieuses sur la finance et les investissements.

Voici quelques-unes de ses citations concernant la patience dans l'investissement :

- "L'investissement est une course de fond, pas un sprint."
- "La patience est une qualité essentielle pour les investisseurs à long terme."
- "L'investissement réussi requiert une patience de longue durée, une absence de peur et une absence de cupidité."
- "Le secret pour réussir en bourse est de se fixer des objectifs clairs et de ne pas laisser les émotions influencer ses décisions."

L'investissement en bourse peut prendre du temps pour générer des rendements importants, alors soyez patient et restez concentré sur vos objectifs à long terme !

5. Pour conclure

L'investissement en bourse offre de nombreux avantages pour ceux qui cherchent à s'enrichir. Mais pour réussir en bourse, il faut être patient et déterminé.

Cela nécessite de définir clairement ses objectifs financiers, de mettre en place une stratégie d'investissement solide et de surveiller attentivement ses investissements tout en ajustant sa stratégie au besoin. En évitant de laisser ses émotions prendre le dessus, vous pouvez maximiser vos chances de réussir. Enfin, rappelez-vous que la clé du succès en bourse réside souvent dans la patience, car ce sont les investisseurs qui restent sur le marché à long terme qui ont tendance à réaliser les plus gros gains.

Chapitre 2 : Comprendre facilement les actions et les ETF

Investir en bourse nécessite une compréhension approfondie des différents types de placements disponibles. Parmi ceux-ci, les actions et les ETF sont souvent considérés comme les plus populaires et les plus performants. Cependant, il est important de comprendre la différence entre ces deux types d'investissements pour prendre des décisions d'investissement éclairées. Je vais vous parler de la différence fondamentale entre les actions et les ETF. Et croyez-moi, comprendre cette différence est important pour maximiser vos profits en bourse !

1. Les actions

A. Qu'est-ce qu'une action et comment fonctionnent-elles ?

Une action est une partie d'une entreprise qui est cotée en bourse et vendue aux investisseurs. En achetant une action, vous devenez propriétaire d'une partie infime de l'entreprise et vous avez le droit de recevoir une partie de ses bénéfices sous forme de dividendes. Les actions sont négociées sur les marchés financiers, ce qui permet aux investisseurs de les acheter et de les vendre facilement.

Cependant, les actions peuvent également subir des fluctuations importantes en fonction de l'évolution de l'entreprise et du marché. Pour maximiser les avantages de l'investissement en actions, il est important de comprendre comment elles fonctionnent et de les sélectionner judicieusement en fonction de vos objectifs. Les actions sont émises par les entreprises pour obtenir des fonds qui leur permettent de financer leur croissance et/ou de rembourser leurs dettes.

B. Comment les actions génèrent-elles de la valeur ?

Pour comprendre comment les actions génèrent de la valeur, il est important de comprendre comment les entreprises créent de la valeur. En général, une entreprise crée de la valeur en produisant et vendant des produits ou des services qui sont utiles et demandés par les consommateurs. Si une entreprise est performante et réalise des bénéfices, elle aura tendance à attirer plus d'investisseurs, ce qui peut faire augmenter la valeur de ses actions.

Les actions sont des parts de propriété d'une entreprise, et leur valeur dépend directement de la performance financière de l'entreprise. Plus l'entreprise est performante, plus la valeur de ses actions augmente, ce qui peut générer des bénéfices pour les investisseurs. Par exemple, si une entreprise a des bénéfices élevés et une croissance rapide, les investisseurs seront plus disposés à payer un prix plus élevé pour ses actions, ce qui peut faire augmenter la valeur de celles-ci.

Vous devez comprendre les fondamentaux financiers d'une entreprise, tels que ses bénéfices, ses liquidités et sa croissance, pour pouvoir évaluer sa performance et ainsi déterminer la valeur de ses actions. En d'autres termes, le succès de l'entreprise se reflète directement sur la valeur de ses actions, ce qui peut générer des bénéfices pour les investisseurs.

Attention, car ce n'est pas toujours le cas et comme dans toute chose dans la vie, il faut rester nuancé ! Par exemple, l'entreprise américaine Uber ne réalise pas de profit depuis des années, alors que le prix de ses actions ne fait qu'augmenter d'année en année ! Parfois, le marché ne tient pas compte de la vraie valeur d'une entreprise et ce sont les phénomènes de mode qui dirigent le prix d'une action. Mon conseil est de ne jamais acheter une entreprise parce qu'elle est à la mode !

C. Les avantages et les inconvénients des actions

Les avantages des actions

Les actions présentent de nombreux avantages pour les investisseurs, notamment :

- Potentiel de croissance : les actions permettent aux investisseurs d'investir dans les entreprises qui sont en croissance, ce qui peut entraîner une augmentation de la valeur de l'action au fil du temps et donc de leur capital !

- Dividendes : certaines entreprises versent des dividendes réguliers à leurs actionnaires, ce qui peut être une source de revenus supplémentaires pour les investisseurs. De plus, ils permettent d'accroître considérablement le capital à long terme des investisseurs, grâce à l'effet composé.

- Diversification : les actions peuvent être un moyen pour les investisseurs de diversifier leur portefeuille et de réduire leur risque global. En effet, vous pouvez acheter des actions de n'importe quel pays dans le monde !

- Liquidité : les actions sont considérées comme très liquides, ce qui signifie qu'il est facile de les acheter et de les vendre sur les marchés financiers. Ce qui n'est pas le cas de certains autres investissements comme par exemple l'immobilier, car il faut attendre des mois avant de pouvoir vendre son bien.

- Création de richesse à long terme : les actions sont souvent considérées comme un achat à long terme et sont un bon moyen de construire la richesse sur le long terme !

Les inconvénients des actions

Les actions peuvent comporter plusieurs inconvénients, tels que :

- Risques financiers : investir dans des actions peut comporter des risques financiers, car les entreprises peuvent subir des pertes ou décliner dans leurs activités. Cela peut entraîner une baisse de la valeur de l'action et une perte pour l'investisseur.

- Volatilité : certaines actions peuvent être très volatiles, ce qui signifie que leurs valeurs peuvent varier considérablement en une seule journée ou même en quelques heures. Rassurez-vous, nous allons voir dans un prochain chapitre comment minimiser vos risques afin que vos investissements dans votre PEA soient le plus rentable possible.

- Liquidité : certaines actions (celles des entreprises les plus petites) peuvent être difficiles à vendre rapidement, ce qui peut entraîner une perte de liquidité pour l'investisseur. Ne vous en faites pas, si vous suivez les critères que je vais vous donner par la suite, vous ne serez pas embêté par des problèmes de liquidité.

- Information : il peut être difficile pour les investisseurs débutants de comprendre les informations financières complexes des. Là aussi, je vous rassure car je vais vous apprendre à sélectionner les informations importantes et à les comprendre plus facilement.

D. Les différences entre les actions de grandes entreprises et les petites entreprises

Les actions de grandes entreprises et les petites entreprises ont des différences significatives en termes de stabilité, de croissance potentielle et de risque.

Les actions de grandes entreprises

Les actions de grandes entreprises sont généralement considérées comme plus stables pour les raisons suivantes :

- Elles appartiennent à des entreprises établies ayant un passé de performance financière réussie.
- Elles ont très souvent des clients dans plusieurs pays du monde. Ce sont de véritables multinationales ce qui n'est pas le cas des petites entreprises.
- Elles ont souvent des flux de trésorerie considérables, des actifs importants et des produits/services largement connus sur le marché.

Cependant, le potentiel de croissance des actions de grandes entreprises peut être limité comparé aux petites entreprises pour les raisons suivantes :

- Elles sont souvent déjà bien établies et ont atteint une certaine maturité sur le marché, ce qui peut rendre plus difficile leur expansion ou la mise en place de nouveaux produits ou services.

- Les décisions d'investissement sont souvent plus complexes et prennent plus de temps à être prises dans des grandes entreprises en raison de leur structure hiérarchique complexe.

Les actions de petites entreprises

Les actions de petites entreprises sont souvent considérées comme ayant un potentiel de croissance plus élevé que les actions de grandes entreprises. Cela est dû à leur marge de progression et de croissance.

Cependant, ce potentiel de croissance est souvent accompagné d'un risque plus élevé, car ces entreprises n'ont pas encore un bon historique financier. Cela peut rendre leur avenir financier incertain, et les investissements dans ces actions peuvent être plus risqués que les investissements dans des actions de grandes entreprises.

Mon conseil

Je vous encourage à évaluer vos objectifs financiers à long terme et votre tolérance au risque avant de déterminer la proportion d'actions de grandes entreprises et de petites entreprises à inclure dans votre portefeuille.

En fin de compte, la diversification aide à réduire le risque total d'un portefeuille, tout en permettant aux investisseurs de tirer parti de la croissance potentielle de différents secteurs et entreprises. Ne vous inquiétez pas, nous allons voir tout cela plus en détail dans le chapitre consacré à la création de votre portefeuille diversifié !

E. Les différences entre action de croissance et action à dividendes

Il y a deux types d'actions que vous pouvez acheter en bourse : les actions de croissance et les actions à dividendes. Les différences entre les deux peuvent sembler subtiles, mais elles sont très importantes pour comprendre leur potentiel de performance.

Les actions de croissance sont des actions d'entreprises qui investissent encore fortement dans leur développement pour croître et étendre leur activité. Elles n'ont pas encore commencé à distribuer de dividendes aux actionnaires, mais elles peuvent avoir un plus grand potentiel de hausse de leur valeur.

Les actions à dividendes, quant à elles, sont des actions d'entreprises plus établies qui distribuent régulièrement une partie de leurs bénéfices aux actionnaires sous forme de dividendes. Ce type d'actions peut offrir une source régulière de revenus, mais leur valeur ne croît généralement pas autant que les actions de croissance.

Lorsque vous choisissez entre acheter des actions de croissance ou des actions à dividendes, il est important de considérer votre objectif d'investissement. Si vous recherchez une source de revenus régulière, des actions à dividendes peuvent être un choix judicieux. Si vous voulez parier sur le potentiel à long terme d'une entreprise en démarrage, alors les actions de croissance peuvent être plus adaptées.

Au début, je vous recommande de vous concentrer d'abord sur les actions à dividende. En effet, ces entreprises sont beaucoup plus établies et vous aurez moins de chance de perdre votre capital. Par la suite, lorsque vous aurez plus d'expérience et que vous serez plus confiant, vous pourrez acheter des actions de croissance. Rappelez-vous qu'il n'y a pas d'action meilleure qu'une autre. Cela dépend seulement de votre stratégie. Personnellement, je détiens plus d'actions à dividende que d'action de croissance, mais je trouve que les deux se valent !

F. Les obligations

Je ne vais pas beaucoup m'étaler dessus, car ce ne sont pas des actifs financiers que j'utilise pour l'investissement. Je vais quand même vous faire une rapide introduction sur ce type d'investissement.

Les obligations sont des titres financiers émis par des gouvernements ou des entreprises. Lorsque vous investissez dans des obligations, vous prêtez de l'argent à l'émetteur de l'obligation pour une période déterminée.

À la fin de cette période, l'émetteur vous rembourse votre capital avec un intérêt. Les obligations sont considérées comme plus sûres que les actions, car elles offrent un taux d'intérêt fixe et garanti, ainsi qu'un remboursement de votre capital.

Cependant, les obligations présentent des risques. Si l'émetteur de l'obligation ne peut pas rembourser son emprunt, vous perdez votre capital. De plus, si les taux d'intérêt augmentent, les obligations peuvent perdre de la valeur. Il est donc important de faire attention à la qualité de l'émetteur de l'obligation et de comprendre les risques associés avant de faire un investissement.

En conclusion, les obligations peuvent être un moyen sûr d'investir votre argent, mais il est important de faire des recherches avant de prendre une décision. Comme je l'ai mentionné plus tôt, je ne suis personnellement pas un grand fan des obligations et je les utilise rarement dans mon portefeuille d'investissement.

2. Les ETF

A. Qu'est-ce qu'un ETF et comment fonctionnent-ils ?

Qu'est-ce qu'un ETF ?

Un ETF (Exchange-Traded Fund) est un fonds négocié en bourse qui permet aux investisseurs d'acquérir une exposition à un panier d'actifs, tels que des actions, des obligations ou des matières premières, sans avoir à acheter chaque actif individuellement. Les ETF sont souvent utilisés pour diversifier un portefeuille, et leur structure de fonds négociée en bourse les rend faciles à acheter et à vendre sur un marché boursier.

Comment fonctionnent les ETF ?

Les ETF sont conçus pour permettre aux investisseurs d'acquérir une exposition à un grand nombre de titres à un coût relativement peu élevé, ce qui en fait une option attrayante pour ceux qui cherchent à diversifier leur portefeuille d'investissement. Pour fonctionner, les ETF sont gérés par une société de gestion de fonds, qui achète et détient les titres qui composent l'indice ou le panier d'actions que l'ETF cherche à suivre. Les actions des ETF sont ensuite vendues aux investisseurs sur les bourses, ce qui leur permet d'acquérir une partie proportionnelle de la performance de l'indice ou du panier d'actions. Les ETF peuvent être négociés comme des actions ordinaires, ce qui signifie que les investisseurs peuvent les acheter et les vendre à tout moment pendant les heures de négociation, ce qui en fait une option flexible pour ceux qui cherchent à investir dans les marchés financiers. De plus, les

ETF sont souvent moins coûteux que les fonds communs de placement traditionnels, car ils ne nécessitent pas de frais de gestion élevés, ce qui en fait une option avantageuse pour les investisseurs à petit budget.

B. Les avantages et les inconvénients des ETF

Les avantages des ETF

Les ETF présentent plusieurs avantages pour les investisseurs. Voici quelques-uns d'entre eux :

- Faible coût : les ETF sont généralement moins chers que les fonds communs de placement en raison de leur structure simple et de leur négociation en bourse.

- Flexibilité : les ETF peuvent être achetés ou vendus à tout moment pendant les heures de négociation boursière, ce qui en fait une option flexible pour les investisseurs.

- Diversification : les ETF permettent aux investisseurs de diversifier leur portefeuille en investissant dans un large éventail de titres, ce qui peut aider à réduire le risque.

- Transparence : les ETF publient régulièrement leur composition, ce qui permet aux investisseurs de savoir exactement où se trouve leur argent.

- Facilité d'utilisation : les ETF sont faciles à comprendre et à utiliser pour les investisseurs, ce qui en fait une option accessible pour les débutants en investissement.

Les inconvénients des ETF

Les inconvénients des ETF comprennent :

- Frais supplémentaires : certains ETF peuvent avoir des frais supplémentaires tels que des frais de gestion, des frais de transaction et des frais de suivi.
- Risque de suivi : les ETF suivent un indice ou un panier d'actifs, ce qui peut entraîner un risque de suivi si l'indice ou le panier ne reflète pas les conditions du marché.
- Liquidité limitée : certains ETF peuvent avoir une liquidité limitée, ce qui peut rendre difficile la vente rapide des actions en cas de besoin.
- Erreurs de repliement : les ETF peuvent être soumis à des erreurs de repliement si les actions n'ont pas été correctement suivies par les gérants des sociétés de gestion de fonds, ce qui peut entraîner une perte de valeur pour l'investisseur.
- Complexité : certains ETF peuvent être plus complexes que les actions simples et nécessitent une compréhension approfondie des fondements et des stratégies d'investissement pour être utilisés de manière efficace.

C. Comment investir dans des ETF

Investir dans des ETF est relativement simple et peut être fait de différentes manières. Voici les étapes générales pour investir dans des ETF :

1. Évaluez votre profil d'investisseur : déterminer vos objectifs d'investissement, votre tolérance au risque et votre horizon temporel d'investissement.

2. Recherchez des ETF qui correspondent à vos objectifs d'investissement : parcourez les différents ETF disponibles sur le marché et sélectionnez ceux qui correspondent à vos objectifs d'investissement.

3. Ouvrez un compte de courtage : pour investir dans des ETF, vous avez besoin d'un compte qui vous permettra d'acheter et de vendre des ETF. Dans ce livre nous allons nous concentrer sur le PEA !

4. Achetez des actions d'ETF : une fois que vous avez ouvert votre PEA, vous pouvez acheter des ETF.

5. Suivez votre portefeuille d'ETF : une fois que vous avez acheté des ETF, surveillez régulièrement votre portefeuille et adaptez votre stratégie en fonction de vos objectifs et de l'évolution du marché.

Notez que les investissements en ETF sont soumis à des frais de courtage et à d'autres coûts, il est donc important de les considérer avant de prendre une décision d'investissement.

Chapitre 3 Trouver les meilleures actions

1. Analyse fondamentale des entreprises

A. Quels sont les indicateurs à surveiller ?

Lorsque vous recherchez les meilleures actions pour votre portefeuille, il est important de commencer par l'étude de la performance financière de l'entreprise. Selon moi, l'étude de la performance financière est la base du processus de sélection d'actions. Prenez le temps de “faire vos devoirs”, examinez les états financiers de l'entreprise et assurez-vous de comprendre avant de prendre une décision d'investissement. C'est un élément clé pour trouver les meilleures actions pour votre portefeuille, et cela vous aidera à éviter de prendre des risques inutiles.

Souvent, lorsqu'on parle des indicateurs clés à surveiller pour évaluer la performance financière d'une entreprise, on entend parler du chiffre d'affaires, des bénéfices nets, des marges bénéficiaires, de la croissance des ventes, de la situation financière (liquidité, endettement), de la rentabilité des actifs et des actions. Cependant, il existe selon moi des indicateurs bien plus pertinents pour déterminer l'intérêt que je porte ou non à une action.

Pour rappel, voici quelques sites internets fiables en français que j'utilise pour avoir des informations de qualité sur les indicateurs des entreprises :

- Boursorama
- Investir.fr
- Bourse Direct
- Les Echos Bourse
- Zonebourse

B. Les indicateurs que j'utilise pour investir dans mon PEA

Un indicateur ou ratio est un nombre qui représente une caractéristique financière d'une entreprise. Il est obtenu en divisant une valeur financière par une autre.

Les investisseurs utilisent ces indicateurs pour évaluer la performance financière d'une entreprise et prendre des décisions d'investissement en conséquence.

Voici des questions à vous poser avant de vous concentrer sur les ratios financiers :

- Comprenez-vous les produits et services proposés par l'entreprise ?

- Avez-vous la conviction que l'entreprise sera toujours en activité dans 20 ans ?

- L'entreprise dispose-t-elle d'un avantage concurrentiel durable ?

- Est-elle en mesure de faire face à une récession économique (guerre, crise sanitaire, crise internationale, etc.) ?

- L'entreprise est-elle diversifiée et vend-elle dans le monde entier ?

Une fois que vous vous êtes posé ces questions, vous pouvez passer à l'étude des ratios. Je tiens juste à vous préciser qu'il n'y a pas de réponse “juste ou fausse”. Certains investisseurs peuvent comprendre facilement les services proposés par une entreprise alors que d'autres non. Certains investisseurs ont la conviction qu'une action restera là dans 20 ans alors que d'autres non.

Passons maintenant à l'étude des ratios. Pour vous aider, voici la liste que j'utilise pour déterminer si j'investis oui ou non dans une action sur mon PEA. Pour chaque indicateur, je vous explique sa définition et pourquoi j'ai décidé de choisir telle ou telle variable.

Une capitalisation supérieure à 500 Millions d'euros

La capitalisation boursière est le montant total des actions d'une entreprise en circulation, multiplié par le prix actuel de l'action. Une entreprise avec une capitalisation boursière supérieure à 500 millions d'euros est considérée comme plus solide car elle a un plus grand nombre d'actions en circulation, ce qui peut signifier une plus grande stabilité financière et une meilleure capacité à générer des revenus.

Les entreprises qui ont une forte capitalisation en bourse ont généralement un passé financier solide, ce qui les rend plus fiables pour les investisseurs. Cependant, il est important de noter que cet indicateur n'est qu'un élément à prendre en compte dans la recherche d'investissements potentiels, il est donc important de consulter d'autres données financières pour prendre une décision d'investissement éclairée. Ça tombe bien, c'est ce que nous allons voir ensuite !

Plus de 4 % de dividendes versé chaque année

Investir dans des actions qui paient régulièrement des dividendes peut être un moyen de générer des revenus passifs sur le long terme. En effet, si vous recevez des dividendes chaque année et que vous réinvestissez ces dividendes dans l'action, vous pouvez profiter de l'effet composé, qui peut faire augmenter considérablement votre investissement sur le long terme. C'est pourquoi je considère que les actions qui paient des dividendes supérieurs à 4 % par an sont intéressantes pour mon portefeuille !

Pas de coupure ou de réduction des dividendes depuis minimum 5 ans

Le versement régulier des dividendes est un indicateur clé de la performance financière d'une entreprise. Les actions qui versent des dividendes depuis au moins 5 ans sans interruption ou réduction sont considérées comme plus fiables pour les investisseurs. Cela montre que l'entreprise est stable et performante, avec des bénéfices suffisants pour continuer de distribuer une partie de ses profits aux investisseurs sous forme de dividendes, tout en continuant à se développer !

Plus une entreprise verse des dividendes depuis longtemps, plus elle est considérée comme fiable et de qualité pour les investisseurs.

Précision

Les dividendes aristocrates sont des entreprises qui ont versé des dividendes sans interruption ou avec des augmentations pendant au moins 25 ans. Ce sont des entreprises financièrement solides. Les investisseurs qui achètent des actions de ces entreprises peuvent bénéficier de revenus réguliers sous forme de dividendes.

Voici une liste non-exhaustive des grandes entreprises françaises qui ont versé des dividendes sans interruption ou avec des augmentations pendant au moins 25 ans :

- L'Oréal,
- Danone,
- Total,
- BNP Paribas,
- Sanofi,
- Hermès International,
- Thermador Groupe,
- Société Générale,
- AXA,
- Engie,
- Vinci,
- Orange,
- Carrefour,
- Airbus Group,
- Etc.

Attention, au moment où j'ai écrit ces lignes peut-être que certaines entreprises sont hors du classement, tandis que d'autres entreprises sont peut-être rentrées dans le classement. C'est à vous de vérifier !

Croissance constante des dividendes de + 4%/ an minimum

Le taux de croissance constante des dividendes de + 4% par an minimum, est un indicateur important pour mesurer la capacité d'une entreprise à maintenir un niveau élevé de paiement de dividendes au fil du temps. Cela signifie que la société a une forte performance financière et une position de marché solide, ce qui la rend capable de continuer à verser des dividendes à ses actionnaires à un taux croissant au fil des ans.

Cela peut également être considéré comme un signe de confiance en l'avenir de l'entreprise. Investir dans une entreprise qui ne peut pas maintenir une croissance constante de ses dividendes peut être risqué à long terme.

Un ratio de distribution inférieur à 60 %

Le ratio de distribution se calcule en divisant les dividendes versés par la société par son bénéfice net. Un ratio inférieur à 60 % indique que la société ne verse pas une trop grande partie de ses bénéfices sous forme de dividendes, ce qui lui permet de conserver suffisamment d'argent pour se développer et investir dans de nouveaux projets. Cet indicateur est donc pertinent pour évaluer la santé financière à long terme de l'entreprise.

Toutefois, il y a une exception pour les foncières cotées qui ont besoin de conserver une part plus élevée de leurs bénéfices pour acheter de l'immobilier, car ce type de société est plus gourmand en fonds propres pour mener à bien ses activités. Notez que cela peut également être le cas pour les entreprises du secteur de la santé qui ont de gros besoins en fonds propres, liés aux recherches médicales.

Précision

Les foncières cotées sont des sociétés qui investissent dans l'immobilier et qui sont cotées en bourse. Elles achètent et gèrent des immeubles locatifs, tels que des immeubles de bureaux, des centres commerciaux ou des appartements, pour en tirer des revenus locatifs. Les actions de ces sociétés peuvent être achetées et vendues sur les marchés financiers, ce qui en fait une option intéressante pour les investisseurs qui veulent "acheter de l'immobilier" sans avoir les inconvénients.

Un PER compris entre 3 et 25

Le Price Earning Ratio (PER) est un indicateur qui mesure le rapport entre le cours de l'action et les bénéfices par action (bpa) d'une entreprise. Il est calculé en divisant le cours de l'action par le bpa. Un PER élevé signifie que l'action est considérée comme chère par rapport à ses bénéfices actuels, tandis qu'un PER plus faible peut indiquer une opportunité d'achat à un bon prix.

Je cherche à investir dans des actions avec un PER compris entre 3 et 25. Un PER inférieur à 3 peut signifier que l'entreprise est en difficulté ou peut ne pas être rentable, tandis qu'un PER supérieur à 25 peut signifier que l'entreprise est "surestimée". Un PER compris entre 3 et 25 me permet de trouver des actions avec un bon rapport qualité-prix, tout en évitant les actions considérées comme trop chères ou à risque.

Un Price to Book Ratio inférieur à 3

Le Price to Book Ratio (P/B Ratio) est un indicateur financier qui mesure la relation entre le prix d'une action et sa valeur comptable. Il se calcule en divisant le cours de l'action par sa valeur comptable, qui se trouve généralement sur l'état financier. Un P/B Ratio inférieur à 3 signifie que le prix de l'action est inférieur à sa valeur comptable. Cet indicateur est considéré comme pertinent pour évaluer la valeur de l'entreprise car il donne une indication de la qualité du bilan.

Une entreprise avec un P/B Ratio inférieur à 3 est considérée comme sous-évaluée et peut donc être un bon investissement à long terme. Cependant, il est important de noter que ce n'est qu'un indicateur parmi d'autres et ne doit pas être utilisé de manière isolée pour prendre une décision d'investissement.

Une marge supérieure à 13 % avant impôt

Le taux de marge avant impôt est le pourcentage de chaque euro de vente généré qui est considéré comme bénéfice brut. Une marge supérieure à 13 % avant impôt signifie que l'entreprise gagne plus d'argent pour chaque euro de vente qu'elle génère. C'est un indicateur important à surveiller lorsque vous voulez investir dans une action, car cela peut vous donner une idée de la stabilité financière de l'entreprise.

Si une entreprise n'a pas suffisamment de marge pour couvrir ses coûts, il y a de fortes chances qu'elle ne soit pas en mesure de faire des bénéfices et, par conséquent, de ne plus verser de dividendes. Par conséquent, le choix d'une action avec une marge solide peut vous aider à minimiser les risques financiers pour votre portefeuille d'actions.

Pourquoi 13 % et pas un autre chiffre ? En faisant des recherches et en écoutant les plus grands investisseurs de cette planète, c'est souvent un chiffre qui revient.

Moins de 70 % de taux d'endettement par rapport aux capitaux propres

Le taux d'endettement d'une entreprise mesure la proportion de ses dettes par rapport à ses fonds propres. Un taux d'endettement supérieur à 70 % peut être un indicateur d'une entreprise risquée. En effet, cela signifie que l'entreprise est trop fortement endettée. Malheureusement, elle pourrait avoir des difficultés à rembourser ses dettes ou à générer des bénéfices, ce qui signifie que l'on a plus de risques de ne pas recevoir de dividendes, voire pire de perdre notre investissement initial, si l'entreprise fait faillite !

Cependant, il est important de noter qu'il existe une exception pour les foncières cotées, qui sont souvent plus endettées en raison de l'achat d'immobilier. Ainsi, pour les foncières cotées, un taux d'endettement plus élevé peut être acceptable car elles ont souvent un actif tangible de grande valeur en compensation. C'est pourquoi il est important de considérer le taux d'endettement dans le contexte de chaque entreprise individuelle avant de prendre une décision d'investissement.

Un résultat net de l'entreprise en augmentation depuis 3 années consécutives

L'augmentation du résultat net d'une entreprise sur 3 ans consécutifs est un indicateur important pour évaluer la santé financière de l'entreprise. Cela montre que l'entreprise est en croissance et que ses activités sont rentables. C'est un signe positif que l'entreprise sera en mesure de continuer à générer des bénéfices dans l'avenir, ce qui est crucial pour maintenir ou augmenter le versement des dividendes.

D'un autre côté, si les résultats ne sont pas en croissance sur une période prolongée, cela peut être un signe que l'entreprise est en difficulté et risque de ne plus verser de dividendes ou même de faire faillite à long terme.

Privilégier un bêta entre 0 et 0,5 sur 10 ans (en option)

Le bêta mesure la volatilité d'une action par rapport à l'ensemble du marché. Une valeur de bêta entre 0 et 0,5 signifie que l'action est moins sensible aux fluctuations du marché que l'ensemble du marché.

Cela peut être considéré comme pertinent pour les investisseurs qui cherchent à minimiser leur risque sur le long terme en choisissant des actions moins exposées aux cycles économiques.

C. Attention !

Je ne veux pas que mes lecteurs se retrouvent dans de mauvaises situations financières. Cette liste n'est pas une check-list miracle ! Vous ne devez pas la prendre comme une baguette magique qui va vous permettre de trouver automatiquement des entreprises dans lesquelles investir pour votre PEA !

Garder toujours en tête qu'il existe d'autres facteurs que vous pouvez prendre en compte. Cela peut vous paraître bizarre, mais parfois, je laisse une toute petite place (je dis bien une toute petite place) à mon instinct.

Bien que cela peut sembler étrange, le bon sens paysan est parfois un bon allié. Lorsqu'il s'agit d'argent et d'investissement, je vous recommande de toujours prendre du recul et de rester nuancé vis-à-vis de ce que vous lisez. Par exemple, ce n'est pas parce qu'une action a performé qu'elle continuera forcément à performer dans le futur !

Personne ne lit dans la boule de cristal et moi, je ne suis pas Madame Irma ! Aussi, je vous recommande de fuir les conseils des personnes qui vous parlent d'investissement 100 % sûr dans une action, dans des ETF ou dans n'importe quel autre actif. Généralement, quand c'est trop beau pour être vrai, c'est que c'est trop beau pour être vrai !

2. Analyse technique des actions

A. Étude des graphiques et des tendances du marché

L'analyse technique est une approche d'investissement qui utilise les données historiques du prix et du volume des actions pour anticiper les futurs mouvements de prix. Pour les investisseurs qui utilisent cette méthode, les graphiques des actions sont des outils clés pour comprendre les tendances du marché. Imaginez que vous êtes dans un stade de foot et que vous observez le ballon voler d'un joueur à l'autre. Vous pouvez voir les mouvements et les tendances de chaque joueur. De la même manière, en analysant les graphiques des actions, vous pouvez voir les mouvements et les tendances du prix et du volume de ces actions.

Les investisseurs qui utilisent l'analyse technique recherchent des schémas récurrents et des tendances dans les graphiques pour déterminer les meilleures opportunités d'investissement. Ils peuvent utiliser des indicateurs tels que les moyennes mobiles, les bandes de Bollinger et les indicateurs de momentum pour mieux comprendre les tendances du marché et prendre des décisions d'investissement plus éclairées.

En résumé, l'étude des graphiques et des tendances du marché est un outil important pour les investisseurs qui utilisent l'analyse technique. Cela leur permet de comprendre les mouvements et les tendances du prix et du volume des actions et de prendre des décisions d'investissement plus éclairées.

B. Les indicateurs techniques pour évaluer les actions

Les indicateurs techniques sont des outils mathématiques qui utilisent des données historiques sur le prix et le volume des actions pour aider à prévoir leur évolution future.

En utilisant ces indicateurs techniques, nous pouvons évaluer la tendance du marché, identifier les niveaux de support et de résistance et détecter les signaux d'achat et de vente. C'est comme avoir un radar qui vous permet de savoir où se dirigent les prix des actions.

Il est important de se rappeler que l'analyse technique n'est pas une science exacte et qu'il n'y a aucune garantie quant à l'exactitude de ses prévisions.

Cependant, en combinant l'analyse technique avec une analyse fondamentale solide et en faisant preuve de patience et de discipline dans nos décisions d'investissement, nous pouvons utiliser ces indicateurs pour améliorer nos résultats d'investissement sur le long terme.

En somme, si vous voulez être un investisseur smart, il est important d'être en mesure de lire les graphiques et d'utiliser les indicateurs techniques pour évaluer les actions. C'est un élément clé pour augmenter vos chances de réussite en bourse.

C. Mon point de vue sur l'analyse technique

Je pense que l'analyse technique est trop compliquée pour les débutants en investissement. Selon moi, une analyse fondamentale est plus pertinente pour trouver de bonnes actions.

Cependant, il est important de savoir que l'analyse technique est plus adaptée aux personnes qui font du trading à court terme. Cela ne nous concerne pas dans ce livre, car nous nous concentrons sur les investissements à moyen et long terme. C'est pour cela, que je n'ai pas plus détaillé ce type d'analyse.

3. L'importance de la diversification pour votre portefeuille

A. Mettre tout son capital dans une seule entreprise...

Il peut sembler tentant d'investir tout votre argent dans une entreprise qui semble être le prochaine Amazon, mais c'est une stratégie extrêmement risquée. Même les entreprises les plus solides peuvent connaître des difficultés, et vous ne voulez pas être dans la situation où tout votre portefeuille est impacté par une baisse soudaine.

La diversification est la clé pour éviter la concentration excessive dans une seule entreprise et pour protéger votre portefeuille contre les risques. Il est préférable de répartir vos investissements dans plusieurs entreprises différentes dans différents secteurs pour minimiser les risques.

B. Équilibrer les secteurs d'investissement

Ne mettez pas tous vos œufs dans le même panier

En tant qu'investisseur, il est important de comprendre l'importance de la diversification pour votre portefeuille. Comme on dit, "ne mettez pas tous vos œufs dans le même panier". Lorsque vous diversifiez votre portefeuille, vous minimisez votre risque. Cela signifie qu'au lieu de placer tout votre argent dans une seule entreprise ou dans un seul secteur, vous équilibrez les secteurs d'investissement.

Exemple

Prenez par exemple le cas de l'industrie de l'énergie. Si vous investissez tout votre argent dans des actions d'entreprises pétrolières, vous prenez un risque considérable si les prix du pétrole chutent. Cependant, en diversifiant votre portefeuille en incluant des actions d'entreprises dans d'autres secteurs tels que la technologie, la santé et les services financiers, vous atténuez ce risque.

En équilibrant les secteurs d'investissement, votre portefeuille est diversifié et vous n'êtes pas exposé à un risque élevé dans un seul secteur. C'est une stratégie judicieuse pour maximiser vos gains à long terme et minimiser votre risque !

4. L'impact des politiques gouvernementales et économiques

A. L'impact des politiques gouvernementales sur les actions

Les décisions du gouvernement ont un impact

L'impact des politiques gouvernementales sur les actions est important et ne doit pas être ignoré. Les décisions prises par les gouvernements peuvent avoir un impact direct sur les entreprises et les industries. Par exemple, une réduction des dépenses publiques peut entraîner une baisse de la demande pour certains produits et services, ce qui peut avoir un impact sur les bénéfices des entreprises.

De même, les réglementations et les restrictions peuvent réduire la concurrence et faire augmenter les coûts pour certaines entreprises. Il est important de suivre les politiques gouvernementales pour comprendre leur impact potentiel sur les actions que vous avez dans votre portefeuille.

Exemple

Par exemple, si un gouvernement annonce des réformes fiscales qui augmentent les coûts pour les entreprises, cela peut entraîner une baisse des bénéfices et donc des actions. De la même manière, une réduction des dépenses publiques peut entraîner une réduction de la demande pour les produits et services de certaines entreprises, ce qui peut également entraîner une baisse des actions.

Prenons un exemple concret : une entreprise qui vend des équipements pour les transports publics. Si le gouvernement décide de réduire les dépenses pour les transports publics, cela peut entraîner une baisse de la demande pour les équipements de cette entreprise, ce qui pourrait à son tour entraîner une baisse des profits de cette entreprise...

B. L'impact des conditions économiques sur les actions

Si l'économie d'un pays est en récession, les entreprises peuvent voir leurs ventes et leurs bénéfices diminuer, ce qui peut entraîner une baisse de leur valeur boursière. C'est pourquoi il est important de comprendre les conditions économiques du pays dans lequel une entreprise opère.

Prenez, par exemple, la situation économique actuelle en France. Avec le COVID-19, l'économie française a connu une récession, ce qui a entraîné une baisse de la demande pour de nombreux produits et services. Les entreprises qui dépendent de la consommation des ménages, comme les magasins de détail, ont été particulièrement touchées. Les actions de ces entreprises ont donc chuté en conséquence.

Comme investisseur, il est important de comprendre comment les conditions économiques peuvent impacter les entreprises et leurs actions. En investissant dans des entreprises qui peuvent faire face à des conditions économiques difficiles, vous pouvez minimiser les risques pour votre portefeuille.

Vous comprenez mieux pourquoi je vous ai invité à vous poser les questions suivantes au début de ce chapitre :

- L'entreprise est-elle en mesure de faire face à une récession économique (crise sanitaire, crise internationale, etc.)?

- L'entreprise est-elle diversifiée et vend-elle dans le monde entier?

En vous posant ces questions et en choisissant vos actions en conséquence, vous pouvez limiter au maximum l'impact des conditions économiques sur vos actions.

Chapitre 4 Trouver les meilleures ETF

1. Pourquoi les ETF sont une bonne option pour les investisseurs débutants

A. Qui a créé les ETF et pourquoi ?

Les ETF (Exchange Traded Funds) ont été créés pour la première fois aux États-Unis dans les années 90 par les firmes d'investissement State Street Global Advisors et American Stock Exchange.

Les ETF ont été créés pour fournir aux investisseurs une option d'investissement facilement accessible et à faible coût pour diversifier leur portefeuille. Les ETF permettent aux investisseurs de bénéficier de l'exposition à un panier d'actions, d'obligations, d'or ou d'autres actifs, sans avoir à acheter chacun d'entre eux individuellement.

Les ETF sont devenus très populaires pour leur commodité, leur transparence et leur accessibilité pour les investisseurs débutants et expérimentés.

B. Pourquoi les ETF sont attractifs pour les investisseurs débutants ?

Les ETF sont particulièrement attractifs pour les investisseurs débutants, car ils offrent une façon simple et abordable de se diversifier sans avoir à sélectionner individuellement chaque titre.

Imaginez-vous si vous devez acheter toutes les actions du CAC 40 ! Cela vous demanderait un budget colossal et une gestion de vos actions extrêmement chronophage...

De plus, les ETF sont cotés en temps réel et sont soumis à des frais de gestion relativement faibles, ce qui les rend attrayants pour les investisseurs soucieux de maximiser leur rendement.

En résumé, les ETF offrent une option simple, diversifiée et abordable pour les investisseurs débutants.

2. Les critères pour choisir les meilleures ETF

A. Performance historique

Se fier à ce qui s'est réellement passé

Dans le monde des finances, il est important de ne pas juste se fier à ce qui se dit, mais plutôt à ce qui s'est réellement passé. C'est là que la performance historique entre en jeu.

En d'autres termes, comment les actions incluses dans l'ETF se sont-elles comportées au fil des ans ?

Exemple

Prenons, par exemple, l'ETF français CAC40. Ce fonds a été créé pour suivre l'évolution des 40 entreprises les plus performantes de la bourse de Paris. Si nous regardons sa performance sur les 30 dernières années, nous pouvons voir qu'il a connu une croissance stable et constante, malgré quelques baisses ponctuelles.

Si vous aussi vous voulez voir facilement les évolutions des indices, je vous recommande de les rechercher simplement sur Google. Cette image provient de Google.

<u>Précision</u>

J'ai pris cet exemple car dans ce livre nous nous concentrons sur le PEA. La majorité des ETF que l'on peut acheter via un PEA sont français ou européens !

Lorsque vous choisissez un ETF, il est important de faire une analyse de sa performance historique afin de déterminer s'il est sur une tendance ascendante ou descendante. Si vous constatez que le fonds a connu une croissance constante sur une longue période, cela peut être un signe que cet ETF pourrait être une bonne option pour votre portefeuille d'investissement.

B. ETF distribuant ou ETF capitalisant ?

Lorsque vous investissez dans des ETF, vous avez le choix entre deux types principaux : les ETF distribuant et les ETF capitalisants. Il est important de comprendre la différence entre les deux pour prendre une décision éclairée quant à l'investissement le plus approprié pour vous.

Les ETF distribuant payent un dividende régulièrement, généralement trimestriellement. Cela signifie que vous pouvez recevoir des paiements réguliers de revenus, similaires à ce que vous pourriez recevoir en investissant dans des actions individuelles.

Les ETF capitalisants, quant à eux, ne payent pas de dividendes réguliers. Au lieu de cela, les gains sont réinvestis dans le fonds, ce qui peut entraîner une croissance plus rapide de votre investissement à long terme.

En fin de compte, le choix entre un ETF distribuant ou un ETF capitalisant dépendra de votre situation personnelle et financière, ainsi que de vos objectifs d'investissement. Si vous cherchez à générer des revenus réguliers, les ETF distribuant peuvent être une option intéressante. Si vous avez un horizon d'investissement à long terme et que vous voulez maximiser la croissance de votre portefeuille, les ETF capitalisants peuvent être une meilleure option.

C. Frais et commissions

Un impact sur votre rentabilité à long terme

Comme dans tout investissement, les frais et commissions peuvent avoir un impact considérable sur votre rentabilité à long terme. C'est pourquoi, lorsque vous choisissez un ETF, il est crucial de faire attention aux frais que vous allez devoir payer.

En France, les ETF sont souvent vendus avec des frais de gestion annuels allant de 0,1 % à 0,5 % ou plus. Cela peut sembler peu, mais ces frais peuvent rapidement grignoter votre performance à long terme.

Imaginons que vous avez investi 10 000 euros dans une ETF avec un coût annuel de 0,5 %.

Au bout de 10 ans, vous aurez payé 500 euros en frais. Cela peut sembler peu, mais cela peut faire une différence considérable pour votre rentabilité à long terme !

Il est donc important de bien vérifier les frais liés à l'ETF avant de faire un investissement. C'est pourquoi je conseille souvent de privilégier les ETF ayant des frais les plus bas possible, de l'ordre de 0,3 % ou moins.

En résumé, n'oubliez pas que les frais peuvent grignoter votre performance à long terme, alors faites attention à ce critère lorsque vous choisissez un ETF !

Comparaison avec les fonds traditionnels et les SCPI

Les frais des ETF sont très souvent inférieurs à ceux des fonds traditionnels gérés par des gestionnaires. Les frais de gestion des fonds peuvent facilement dépasser 1 % ou plus, tandis que les frais de la plupart des ETF sont souvent inférieurs à 0,5 % !

Les frais des SCPI peuvent également être très élevés, ce qui réduit considérablement la performance à long terme. C'est pourquoi je vous recommande de toujours vous concentrer sur les ETF plutôt que sur ce type de fonds car même si les ETF ont des frais, ils sont toujours bien plus abordables que les fonds traditionnels...

D. Diversification

La plupart des investisseurs débutants cherchent à minimiser leur risque et à répartir leur investissement sur plusieurs secteurs d'activité, régions géographiques et classes d'actifs. C'est là que les ETF entrent en jeu. Ils permettent aux investisseurs de diversifier facilement leur portefeuille en achetant un seul produit financier qui peut inclure des dizaines, voire des centaines d'actions différentes.

Maintenant, pour être sûr de faire le bon choix, vous devez être vigilant quant à la qualité de la diversification de l'ETF. Regardez les différents secteurs d'activité, les régions géographiques et les classes d'actifs représentés dans l'ETF. Vous voulez être sûr que l'ETF ne se concentre pas excessivement sur un seul secteur, une seule région ou une seule classe d'actifs.

En somme, la diversification est un élément crucial pour choisir les meilleures ETF. Assurez-vous de bien comprendre la composition de l'ETF avant de l'acheter !

E. Les entreprises émettrices d'ETF

Lyxor et Amundi sont deux des entreprises émettrices d'ETF les plus connues sur le marché pour les PEA. Elles proposent une variété d'options d'investissement, allant des ETF négociés en bourse aux ETF thématiques, pour aider les investisseurs à diversifier leur portefeuille.

Lyxor est connu pour sa gamme de produits innovants, notamment les ETF liés à l'environnement, la gouvernance et les développements sociaux. Lyxor est géré par la Société Générale.

Amundi, quant à lui, est une entreprise leader dans la gestion d'actifs et propose une large gamme d'ETF pour les investisseurs, allant des actions aux obligations en passant par les produits de base. Les deux sociétés offrent des options de qualité pour les investisseurs souhaitant diversifier leur portefeuille. Amundi est géré par le Crédit agricole et la Société Générale.

3. Comment évaluer la qualité d'un ETF

A. Étude des fondamentaux de l'ETF

Pour trouver les meilleures ETF, il est important de comprendre les fondamentaux de l'ETF sur lequel vous souhaitez investir. En somme, vous voulez savoir, c'est ce qui se cache derrière l'ETF !

Voici quelques questions que j'aime me poser, pour évaluer la qualité d'un ETF avant de l'inclure dans mon PEA :

- Quels sont les secteurs représentés dans le portefeuille de l'ETF ?
- Y a-t-il une concentration excessive dans un seul secteur ou une entreprise ?
- Comment sont choisies les entreprises incluses dans l'ETF ?
- Quel est le rendement historique de l'ETF et comment se compare-t-il à d'autres ETF similaires ?
- Quelle est la qualité financière des entreprises incluses dans l'ETF ?
- Quel est le risque associé à l'ETF ?
- Quels sont les frais et commissions associés à l'ETF ?

B. Évaluation de la qualité des entreprises incluses dans l'ETF

Pour évaluer la qualité d'un ETF, il est important de prendre en compte la qualité des entreprises qui y sont incluses. Vous voulez vous assurer que vous investissez dans des entreprises solides et en bonne santé financière. Voici quelques critères à considérer :

- Rentabilité : regardez les bénéfices nets des entreprises, leur taux de croissance et leur capacité à générer des bénéfices régulièrement.

- Endettement : évaluez la structure financière des entreprises en examinant leur niveau d'endettement par rapport à leurs actifs et leurs bénéfices.

- Qualité des produits ou services : assurez-vous que les entreprises proposent des produits ou services de qualité qui sont en demande sur le marché.

- Perspectives de croissance : regardez les opportunités de croissance des entreprises, notamment dans leur secteur et sur les marchés internationaux.

Comme notre ami Warren Buffett l'a dit, “N'investissez jamais dans une entreprise que vous ne pouvez pas comprendre !". En d'autres termes, assurez-vous de bien comprendre les entreprises que vous investissez, en étudiant leurs fondamentaux et en vous posant les bonnes questions. C'est ainsi que vous pouvez être sûr d'investir dans des ETF de qualité.

4. Les meilleures ETF du marché pour le PEA

A. Les ETF de marché

En tant qu'investisseur débutant, il est important de comprendre que les ETF de marché sont une option populaire pour les PEA. Les ETF de marché sont conçus pour refléter les performances du marché global ou d'un secteur spécifique. Ils offrent une diversification automatique de vos investissements et permettent d'accéder à un grand nombre d'actions à un coût relativement faible.

En France, les ETF de marché sont souvent utilisés pour investir dans des indices populaires tels que le CAC 40 ou l'Euro Stoxx 50. Ils offrent une opportunité pour les investisseurs débutants de suivre les tendances du marché français ou européen tout en bénéficiant de la diversification et de la simplicité que les ETF offrent.

B. Les ETF sectoriels

Les ETF sectoriels, également appelés ETF thématiques, permettent aux investisseurs de se concentrer sur un secteur particulier de l'économie, tels que la technologie, la santé ou l'énergie. Cette approche peut être avantageuse pour les investisseurs qui cherchent à maximiser les opportunités de croissance dans un secteur en particulier, mais il est important de se rappeler que cela peut aussi augmenter le risque lié à une seule industrie.

Maintenant, si vous voulez vous concentrer sur un secteur en particulier, je vous recommande de choisir un ETF sectoriel qui présente un large éventail de sociétés du secteur, plutôt qu'un seul géant du secteur. Cela vous donne une exposition plus diversifiée à ce secteur, ce qui peut minimiser les risques liés à la performance défavorable d'une seule entreprise.

En résumé, les ETF sectoriels peuvent être une excellente option pour les investisseurs qui souhaitent se concentrer sur un secteur spécifique, mais il est important de bien évaluer les différentes options pour choisir l'ETF qui convient le mieux à vos objectifs d'investissement.

Chapitre 5 Créer votre portefeuille boursier rentable

1. Votre stratégie d'investissement

A. Déterminer vos objectifs financiers

Comme tout bon investisseur, vous devez d'abord déterminer vos objectifs financiers. Cela signifie réfléchir à ce que vous voulez atteindre avec votre portefeuille.

- Voulez-vous construire une épargne confortable pour votre retraite ?

- Souhaitez-vous accumuler de la richesse pour vous permettre de vivre de vos investissements plus tard ?

- Voulez-vous générer des revenus réguliers pour vivre ?

- Souhaitez-vous plutôt prendre des risques pour maximiser les gains potentiels ?

Ces objectifs déterminent la façon dont vous allez construire votre portefeuille. Par exemple, si vous êtes en phase d'accumulation de patrimoine, vous pourriez vouloir vous concentrer sur des investissements plus risqués qui peuvent générer des gains plus importants. Cette phase d'accumulation de patrimoine est souvent une phase lorsqu'on est jeune.

À l'inverse, si vous vous approchez de la retraite, vous pourriez vouloir privilégier la sécurité et la stabilité de vos investissements, en investissant dans des actifs moins risqués et volatiles.

Déterminer vos objectifs financiers est une étape cruciale pour bâtir un portefeuille réussi, alors prenez le temps de réfléchir à ce que vous voulez accomplir à long terme et assurez-vous que vos investissements reflètent ces objectifs.

B. Évaluer votre niveau de risque

Je vous recommande de bien comprendre votre niveau de risque avant de bâtir votre portefeuille d'investissement. Cela signifie déterminer les risques que vous êtes prêt à prendre pour atteindre vos objectifs.

Pour évaluer votre niveau de risque, vous pouvez vous poser les questions suivantes :

- Êtes-vous prêt à prendre des risques pour gagner plus d'argent ?

- Préférez-vous une approche plus prudente pour éviter de perdre de l'argent ?

- À quelle fréquence êtes-vous prêt à faire des ajustements en fonction de l'évolution du marché ?

C'est une loi immuable dans l'investissement :

« Plus le niveau de risque est élevé, plus les gains potentiels sont importants ! »

Mais il est également important de ne pas sous-estimer le risque, car cela pourrait entraîner des pertes considérables. Il est donc préférable de trouver un équilibre entre le risque et la récompense pour atteindre vos objectifs financiers à long terme. La tolérance au risque est quelque chose de personnel, c'est donc à vous de déterminer ce que vous êtes prêt à accepter ou non.

2. Allocation d'actifs

A. Équilibre entre actions, ETF et liquidités

L'allocation d'actifs est une étape clé pour élaborer une stratégie d'investissement solide. Il s'agit de déterminer la proportion de votre portefeuille à allouer à différentes classes d'actifs, telles que les actions, les ETF et les liquidités. L'objectif est de trouver un équilibre qui convienne à votre niveau de risque tolérable et à vos objectifs financiers.

En grossissant le trait voici ce que l'on peut retenir :

- Les actions peuvent offrir des rendements élevés, mais sont également plus volatiles et présentent un risque plus élevé.

- Les ETF, quant à eux, sont généralement plus stables et moins risqués, mais leur rendement peut être moins élevé.

- Les liquidités, telles que les comptes d'épargne, peuvent offrir un rendement stable, mais avec un taux d'intérêt très faible.

Il est important de noter que l'allocation d'actifs ne doit pas être statique. Je vous recommande de la revoir régulièrement et de l'ajuster en fonction de votre situation.

B. Importance de la diversification sectorielle et géographique

La diversification sectorielle

La diversification sectorielle et géographique réduit les risques et augmente les chances de succès sur le long terme. La diversification sectorielle signifie que vous répartissez votre investissement dans différents secteurs, comme la technologie, la santé, l'immobilier, la défense, l'énergie, etc. Ainsi, si un secteur ne performe pas bien, vous n'êtes pas perdant !

La diversification géographique

La diversification géographique consiste à répartir votre investissement dans différents pays ou régions du monde. Ainsi, si une économie dans un pays est en difficulté, cela n'affectera pas tout votre portefeuille.

Par exemple, imaginez que vous avez investi dans une entreprise espagnole (ce qui est tout à fait possible avec le PEA) qui connaît un ralentissement économique. Si vous avez également investi dans une entreprise française en pleine croissance, cela minimisera l'impact de la baisse de performance de l'entreprise espagnole sur votre portefeuille global. La diversification géographique vous permet donc de mieux gérer les risques liés à l'investissement !

C. Comment utiliser les ratios d'allocation d'actifs pour élaborer votre stratégie d'investissement

Les ratios d'allocation d'actifs sont des indicateurs qui permettent de mesurer la répartition de votre investissement entre les différents types d'actifs, tels que les actions, les obligations et les liquidités. En utilisant ces ratios, vous pouvez élaborer une stratégie d'investissement équilibrée en fonction de vos objectifs financiers, de votre tolérance au risque et de votre profil d'investisseur.

Vous pouvez utiliser ces informations pour déterminer le pourcentage idéal d'actions, d'ETF et de liquidités à inclure dans votre portefeuille. Vous pouvez également utiliser ces ratios pour déterminer le pourcentage idéal de diversification sectorielle et géographique à inclure dans votre portefeuille.

Prenons par exemple un investisseur qui a un horizon d'investissement de 10 ans et qui tolère un niveau élevé de risque. Il pourrait décider d'allouer 80% de son portefeuille à des actions, tout en gardant 20 % en liquidités pour plus de sécurité. Il pourrait également décider de diversifier son portefeuille en répartissant ses actions entre différents secteurs et régions du monde. Les ratios d'allocation d'actifs sont des outils pour vous aider à déterminer la stratégie d'investissement la plus appropriée pour vous. Cependant, ils ne sont pas une science exacte et peuvent varier en fonction de nombreux facteurs, tels que les variations du marché et les changements dans vos objectifs financiers. Je vous recommande donc de toujours surveiller votre portefeuille et de faire des ajustements en conséquence.

D. Des exemples de portefeuilles adaptés selon votre âge et votre situation financière !

Pour ajuster sa stratégie d'allocation d'actifs en fonction de son âge et de sa situation financière, il est important de tenir compte de différents facteurs tels que l'horizon de placement, les objectifs financiers, le niveau de risque tolérable et les besoins en liquidités.

En général, plus on se rapproche de la retraite, plus il est sage d'augmenter la part d'actifs moins risqués comme les obligations, les ETF et actions à faible volatilité. À l'inverse, pour les jeunes investisseurs qui ont un horizon de placement à long terme, il peut être judicieux d'investir davantage dans les actions, les ETF de croissance et des actions plus risquées pour potentiellement obtenir un rendement supérieur.

Voici quelques exemples de portefeuilles qui peuvent être utilisés avec un PEA :

Le portefeuille équilibré

De quoi se compose ce portefeuille ?

- 50 % en actions
- 40 % en ETF
- 10 % en liquidités

Pour qui est-il le plus adapté ?

Un portefeuille équilibré peut être adapté pour les investisseurs qui cherchent à obtenir une combinaison d'une performance potentiellement élevée et d'une certaine stabilité. Ce genre de portefeuille peut convenir aux investisseurs à long terme qui sont disposés à tolérer une certaine volatilité pour obtenir un potentiel de rendement supérieur.

En somme, ce portefeuille pourrait être adapté pour une personne âgée de 35 à 45 ans avec un niveau de risque modéré et un objectif d'investissement à long terme, tout en souhaitant disposer d'une certaine liquidité pour les dépenses à court terme.

Le portefeuille croissance +

De quoi se compose ce portefeuille ?

- 70 % en actions
- 20 % en ETF
- 10 % en liquidités

Pour qui est-il le plus adapté ?

Ce type de portefeuille peut être adapté à des personnes relativement jeunes, âgées de 30 à 40 ans, qui cherchent à maximiser le potentiel de croissance de leur investissement à long terme. Ce portefeuille convient également à des personnes ayant un niveau de risque élevé et qui sont prêtes à accepter des fluctuations de court terme en échange de taux de croissance potentiellement plus élevés à long terme.

Le portefeuille croissance

De quoi se compose ce portefeuille ?

- 60 % en actions
- 30 % en ETF
- 10 % en liquide

Pour qui est-il le plus adapté ?

Ce type de portefeuille est généralement adapté à des personnes jeunes, avec un horizon d'investissement à long terme et une tolérance au risque moins élevé que le portefeuille précédant.

Le portefeuille à long terme

De quoi se compose ce portefeuille ?

- 80 % en actions
- 15 % en obligations
- 5 % en liquidités

Pour qui est-il le plus adapté ?

Ce portefeuille est généralement plus adapté à des personnes âgées de 30 à 40 ans, qui cherchent à investir à long terme (10 ans ou plus) et sont disposées à prendre un risque supplémentaire pour potentiellement obtenir un rendement plus élevé.

Les personnes qui cherchent à construire leur patrimoine sur le long terme peuvent également être intéressées par ce portefeuille. Cependant, il est important de noter que ce type de portefeuille peut être volatil, dû notamment à la présence des 80 % d'actions, dans des périodes courtes et que l'investisseur doit être prêt à accepter ce risque.

Le portefeuille sécurité

De quoi se compose ce portefeuille ?

- 40 % en actions
- 40 % en obligations
- 20 % en liquidités

Pour qui est-il le plus adapté ?

Le portefeuille de sécurité peut être adapté pour les personnes qui ont besoin d'une protection accrue pour leur investissement à court terme. Les personnes plus âgées, proches de la retraite ou en phase de transition financière peuvent préférer ce type de portefeuille.

Les investissements en actions apportent une certaine croissance potentielle, mais les obligations fournissent une stabilité financière. Les liquidités peuvent être utilisées pour des besoins à court terme sans avoir à vendre des actifs moins liquides.

Le portefeuille 50/50

De quoi se compose ce portefeuille ?

- 50 % en actions
- 50 % en obligations

Pour qui est-il le plus adapté ?

Ce portefeuille équilibré peut être adapté à une personne ayant une appétence pour le risque modérée, ayant un horizon de placement à long terme (5 ans ou plus) et ayant une situation financière stable.

Ce type de personne peut être dans la tranche d'âge de la fin de la quarantaine à la retraite. Les investissements en actions et obligations offrent une combinaison d'opportunités de croissance et de protection contre la baisse des marchés, ce qui peut être un choix attrayant pour une personne souhaitant une répartition stable de son portefeuille.

E. Combien d'actifs dois-je mettre dans mon portefeuille ?

Il n'y a pas de nombre précis d'actifs à détenir pour un portefeuille. Certaines personnes peuvent avoir un portefeuille avec 5 actifs, tandis que d'autres peuvent en avoir 15 ou plus.

En général, je recommande d'avoir entre 10 et 20 lignes dans votre portefeuille quand vous débutez. Peu importe s'il s'agit d'actions, d'ETF, d'obligations ou des 3 à la fois. Cela permet d'avoir une diversification adéquate, tout en maintenant la gestion de votre portefeuille simple et facile à suivre.

Cependant, vous devez comprendre qu'avoir trop d'actifs peut rendre la gestion de votre portefeuille complexe et difficile à suivre, ce qui peut entraîner des erreurs dans vos décisions d'investissement...

F. Attention

Ces exemples de portefeuilles sont des modèles généraux ! La répartition idéale dépend de nombreux éléments personnels tels que l'âge, les objectifs financiers et la capacité à supporter le risque. Vous devez comprendre vos propres priorités financières et vous devez prendre le temps de les évaluer régulièrement pour vous assurez que votre stratégie d'allocation d'actifs est toujours alignée avec vos objectifs à long terme.

N'oubliez jamais ceci : il n'y a pas de portefeuille parfait !

Chaque personne a des objectifs financiers, un âge, et un niveau de tolérance au risque différents. Ce qui est considéré comme un bon portefeuille pour une personne, ne l'est peut pas pour une autre personne.

En gros, il est inutile de copier bêtement un portefeuille sous prétexte qu'un ami l'utilise ou qu'un gourou de la finance le conseille. N'oubliez pas que vous n'êtes pas ces personnes, vous êtes unique !

3. Suivi et ajustement de votre portefeuille

A. Surveillance de votre performance

Combien de fois par an dois-je surveiller mon portefeuille ?

Il n'y a pas de fréquence "obligatoire" ou "parfaite" pour la surveillance d'un portefeuille. En général, je vous conseille de surveiller la performance de son portefeuille 1 à 3 fois par an, pour vous assurer que votre portefeuille est toujours aligné avec vos objectifs financiers.

Trop souvent, de nombreux investisseurs sont tentés de surveiller leur portefeuille tous les jours ou plusieurs fois par jour. Cependant, cela peut vous amener à vous laisser emporter par les fluctuations du marché, ce qui peut vous amener à prendre des décisions impulsives basées sur vos émotions plutôt que sur des données factuelles !

Le suivi fréquent de la performance de son portefeuille peut également vous faire perdre de vue l'objectif à long terme de votre portefeuille, ce qui peut être contre-productif pour vos finances à long terme. De plus, vous allez perdre du temps à regarder les performances de votre portefeuille pour rien : c'est du temps perdu pour d'autres activités.

C'est pourquoi, je vous conseille de limiter votre surveillance à 1 à 3 fois par an, afin de vous concentrer sur la stratégie à long terme et de minimiser l'impact des émotions sur vos décisions d'investissement.

Applications simples pour suivre votre portefeuille

Voici quelques applications mobiles et sites web français pour surveiller la performance de votre portefeuille :

- Moning.co : c'est l'application mobile que j'utilise actuellement et que je préfère.

- Boursorama Banque : cette banque en ligne qui vous permet d'avoir un PEA a également une interface très intéressante pour suivre votre portefeuille sur son site web.

- Linxo : c'est une appli mobile pour la gestion de comptes bancaires, mais qui a aussi une partie réservée au PEA

Notez que la liste n'est pas exhaustive et qu'il est toujours conseillé de faire des recherches supplémentaires pour trouver l'outil qui convient le mieux à vos besoins et objectifs.

Il y a des dizaines d'applications qui sortent chaque année pour la gestion des investissements boursiers.

Je vous recommande également d'aller voir du côté des applications américaines ou anglaises. Même si le PEA n'est pas disponible dans ces pays, ils ont des applications pour suivre la performance de votre portefeuille.

B. Ajustement en fonction de vos objectifs financiers et de votre niveau de tolérance au risque

Une réallocation des actifs

Pour ce qui est d'effectuer des ajustements, je vous recommande de le faire une fois par an. On appelle ça dans le jargon boursier "une réallocation des actifs".

La réallocation des actifs consiste à ajuster la répartition des différentes classes d'actifs dans votre portefeuille en fonction de vos objectifs financiers et de votre niveau de tolérance au risque. Il peut s'agir d'ajuster la proportion d'actions, d'ETF, d'obligations, de liquidités et d'autres actifs en fonction de vos besoins. Pour réallouer vos actifs, vous pouvez suivre ces étapes :

- Évaluation de la performance actuelle : examinez la performance de vos actifs individuels pour vous assurer que votre portefeuille est toujours aligné avec vos objectifs financiers.

- Détermination de vos objectifs financiers : déterminez si vos objectifs financiers ont changé depuis la dernière réallocation et si votre tolérance au risque a également changé.

- Calcul de la répartition idéale : calculez la répartition idéale de vos actifs en fonction de vos objectifs financiers et de votre niveau de tolérance au risque.

- Vente d'actifs sous-performants : vendez les actifs qui ont sous-performé par rapport à vos objectifs financiers.

- Achat d'actifs supplémentaires : achetez des actifs supplémentaires pour atteindre la répartition idéale.

- Mise à jour de votre portefeuille : enregistrez les ajustements de votre portefeuille. L'application Moning.co (en version payante) le fait automatiquement, ce qui est un gain de temps non négligeable. Bien entendu, elle n'est pas la seule à avoir cette fonctionnalité.

Important

Vous devez toujours réaliser vos réallocations de manière réfléchie et sans vous laisser emporter par les émotions ! Il est également important de se rappeler que la réallocation n'est qu'un élément d'une stratégie d'investissement à long terme.

Personnellement, je n'ai pas fait de réallocation d'actif depuis 2 ans dans mon PEA car ce n'était pas nécessaire. Au moment où j'écris ces lignes, mon PEA affiche une performance de +20 % (comme vous pouvez le voir dans l'image en dessous, voir les 2 rectangles rouges) ! Il est donc inutile que je me prenne la tête et que je perde du temps à modifier quelque chose qui fonctionne déjà !

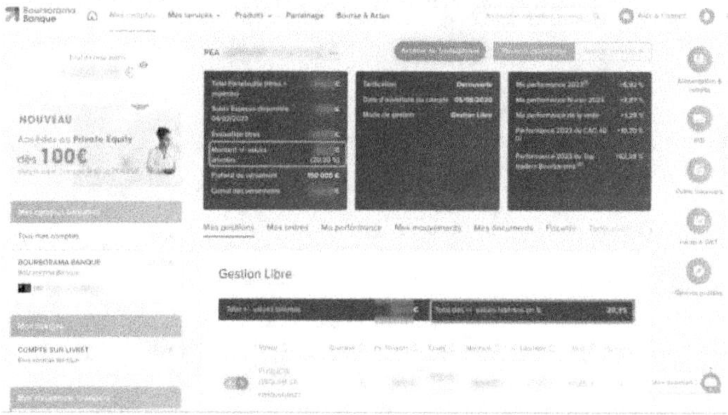

Chapitre 6 Gérer en toute confiance les risques liés à la bourse

1. Les risques liés à l'investissement boursier

Les risques liés à l'investissement boursier comprennent le risque de perte en capital, le risque de défaut d'une entreprise, le risque de fluctuation des taux d'intérêt, le risque de devises, le risque de liquidité, entre autres. Le monde de l'investissement en bourse n'est pas un monde de Bisounours ! Je ne vais pas vous mentir et vous raconter qu'il n'y a aucun risque. Vous devez comprendre les différents risques liés à l'investissement en bourse car cela va vous aider à mieux gérer votre portefeuille et à prendre des décisions plus éclairées pour minimiser ces risques.

Avec bienveillance, je voudrais dire aux lecteurs que comprendre les risques liés à l'investissement boursier peut être délicat, même pour les investisseurs les plus expérimentés. Ce n'est pas une question de "nullité", mais plutôt de familiarité avec le sujet.

C'est pourquoi je recommande aux débutants d'apprendre progressivement et de prendre le temps de comprendre les différents types de risques, afin de pouvoir évaluer les opportunités de manière informée et consciente.

A. Risques de marché

Dans ce monde, il y a un risque dans tout ce que vous faites, et l'investissement en bourse n'échappe pas à la règle. Vous devez comprendre que les marchés financiers sont volatils et que la valeur de votre portefeuille peut fluctuer en fonction des conditions économiques, politiques et même climatiques.

Lorsque vous investissez en bourse, vous prenez un risque de marché. Cela signifie que la valeur de vos investissements peut fluctuer en fonction de l'état de l'économie mondiale et de la performance des entreprises.

Comme toujours, la clé pour réduire les risques de marché est de ne pas être trop exposé à un seul secteur, entreprise ou marché. La diversification est votre meilleur ami lorsqu'il s'agit de minimiser les risques de marché. Investissez dans une variété d'entreprises à différents stades de leur cycle économique et dans différents secteurs pour réduire les risques de marché.

En fin de compte, c'est à vous de décider le niveau de risque que vous êtes prêt à prendre.

N'oubliez pas :

- *"Plus le risque est élevé, plus la récompense peut être grande !"*
- Mais aussi ; *"Plus le risque est élevé, plus le risque est élevé !"*

Alors, gardez cela à l'esprit pour prendre des décisions éclairées en matière d'investissement.

B. Risque de perte en capital

Un risque inhérent à tous les investisseurs

Ce risque est inhérent à tout investissement, et cela signifie que vous pourriez perdre de l'argent si les actifs que vous avez achetés ne se comportent pas comme prévu.

Il est important de ne pas paniquer si vous rencontrez ce type de situation. En fait, c'est une opportunité d'apprendre et de grandir en tant qu'investisseur. Les investissements les plus rentables sont souvent ceux qui comportent le plus de risques. C'est pourquoi il est important d'être bien informé et de comprendre les différents risques liés à l'investissement boursier.

L'investissement à long terme aide à minimiser les risques de perte en capital. En investissant sur une période plus longue, vous donnez à votre portefeuille le temps de se remettre de la volatilité du marché, et de réaliser des gains à long terme.

Même les plus grands se trompent !

Même les plus grands investisseurs peuvent subir des pertes en capital. Par exemple, Warren Buffett a perdu environ 50% de son portefeuille boursier lors d'une récession dans les années 90 !

Cependant, il a continué à investir sur le long terme. Le fait de perdre de l'argent à l'instant T ne signifie pas automatiquement que vous êtes un mauvais investisseur. Au contraire, cela montre que vous êtes prêt à prendre des risques pour réaliser des gains à long terme.

Deuxième exemple ; Warren Buffett a déclaré en 2020 qu'il s'était trompé. En effet, avec sa société Berkshire Hathaway, il avait vendu en avril la totalité des 10 % détenus dans les 4 principales compagnies aériennes des Etats-Unis: American Airlines, Delta Air Lines, Southwest Airlines et United Airlines. Voici ce qu'il a déclaré : "Il s'avère que je me suis trompé".

C. Risque de défaut d'une entreprise

Qu'est-ce que le risque de défaut d'une entreprise ? Cela signifie qu'une entreprise n'est plus en mesure de rembourser ses dettes ou de poursuivre ses activités. Malheureusement, cela peut entraîner une perte importante pour les investisseurs.

Cependant, il est possible de minimiser ce risque en choisissant des entreprises financièrement saines et en diversifiant votre portefeuille. C'est pourquoi, j'ai insisté dans les chapitres précédents sur l'importance de faire des recherches sur les entreprises avant de les inclure dans votre portefeuille !

En tant qu'investisseur sur le long terme, il est important de ne pas paniquer lorsque les actions ou les ETF connaissent des fluctuations. En fait, c'est même une occasion d'acheter des actions ou des ETF à un prix réduit, car ils repartiront probablement à la hausse sur le long terme.

En résumé, le risque de défaut d'une entreprise est un risque que tout investisseur doit comprendre et être prêt à gérer. Mais en suivant des stratégies saines, comme la diversification et la recherche sur les entreprises, vous pouvez minimiser ce risque et continuer à construire votre richesse sur le long terme !

D. Risques liés à la liquidité

Adieu liquidité...

En tant qu'investisseur, vous devez également être conscient des risques liés à la liquidité. La liquidité désigne la capacité d'un actif à être vendu rapidement sans subir de perte significative de valeur. Les investissements peu liquides, tels que les fonds communs de placement illiquides, peuvent rendre difficile la vente rapide de vos actifs en cas de besoin.

Comme je l'ai mentionné, l'investissement à long terme est essentiel pour la réussite financière, mais il est important de savoir que la liquidité est un facteur important pour les investisseurs. Si vous avez besoin de vendre vos investissements rapidement, les actifs peu liquides peuvent causer des problèmes.

Plus de 500 millions d'euros

C'est pour cela que dans mes critères d'investissement des actions, je vous ai parlé d'investir sur des entreprises avec une capitalisation de 500 millions d'euros. En investissant dans ces entreprises, vous augmentez les chances de pouvoir revendre facilement vos actions car elles sont très demandées sur le marché en raison de leur taille importante.

Il y a toujours un nombre suffisant d'acheteurs potentiels pour vous permettre de vendre rapidement vos actions sans rencontrer de problèmes de liquidité.

E. Risques politiques et géopolitiques

Dans ce monde incertain, les risques politiques et géopolitiques peuvent avoir un impact significatif sur les investissements en bourse. Par exemple, une guerre, un conflit politique, un changement de gouvernement, une crise économique, une dévaluation de la monnaie, entre autres, peuvent tous avoir un impact sur les entreprises et donc sur vos investissements.

Lorsque vous investissez en bourse, vous devez prendre en compte le risque dans le monde dans lequel nous vivons. Cela signifie que vous devez être conscient des événements mondiaux qui peuvent avoir un impact sur les entreprises et donc sur vos investissements.

Enfin, je voudrais vous rappeler qu'il n'y a aucun investissement sans risque !

2. Comment gérer les risques liés à l'investissement boursier

A. L'importance de la diversification

Dans l'investissement boursier, la diversification est la clé pour gérer les risques. En diversifiant votre portefeuille, vous répartissez votre capital sur plusieurs types d'actions, secteurs d'activité et même pays différents. De cette façon, si une entreprise ou un secteur connaît une période difficile, vous n'êtes pas entièrement exposé à ce risque, car vous avez d'autres actifs qui peuvent compenser les pertes. Personne n'a de boule de cristal pour prédire l'avenir de l'économie ou des entreprises, c'est pourquoi la diversification est une technique basique et essentielle pour gérer les risques liés à l'investissement boursier.

B. Pourquoi c'est si important !

Je n'arrivais pas à gérer mon stress

Je me souviens encore des moments où je n'arrivais pas à gérer mon stress lié à l'investissement dans mon PEA. Au début de mon parcours, j'avais tout placé dans seulement trois actions. Cela me causait beaucoup d'anxiété, car je savais que si l'une de ces actions subissait une baisse importante, cela aurait eu un impact considérable sur mon portefeuille. J'étais stressé à chaque mouvement des cours boursiers et je me réveillais souvent la nuit pour vérifier la performance de mes actions. C'était une période très difficile pour moi, et j'étais constamment stressé à l'idée de perdre tout mon argent. C'est à ce moment que j'ai compris l'importance de la diversification de mon portefeuille. J'ai commencé à étudier de nouveaux secteurs et à investir dans des actions différentes pour répartir mon risque. En prenant ces mesures, j'ai finalement réussi à réduire mon stress dans mon parcours d'investisseur.

L'investissement ne doit pas être une source de stress

Je tiens à vous rappeler que l'investissement est là pour vous créer de la richesse à long terme. L'investissement ne doit pas être une source de stress supplémentaire, bien au contraire il doit être là pour vous rassurer et vous apporter la tranquillité d'esprit.

Lorsque j'ai tout misé sur 3 actions et j'ai rapidement compris que c'était une erreur. Toutes mes économies étaient concentrées sur ces 3 actions, et je me suis retrouvé stressé à chaque baisse de la bourse. J'ai réalisé que je mettais en danger ma sécurité financière en ne diversifiant pas mon portefeuille. C'est pour cela que je vous encourage à ne pas faire la même erreur que moi et à diversifier votre portefeuille. Vous pouvez le faire en investissant dans des actions de différentes industries, en achetant des ETF ou en faisant les 2 !

De cette façon, vous répartissez votre risque et vous vous assurez de ne pas perdre tout votre capital en cas de chute de la bourse. N'oubliez jamais que l'investissement est un jeu d'attente. Ne vous laissez pas perturber par les fluctuations à court terme et restez concentré sur votre stratégie à long terme.

La richesse ne se crée pas en un jour, mais elle s'accumule avec le temps si vous restez patient et discipliné !

"N'oubliez pas de me faire savoir ce que vous pensez sincèrement de ce livre, dès que vous l'aurez fini !

Ce que vous avez aimé et ce qui vous a peut-être manqué, pour que je puisse l'améliorer, car je continuerai à le mettre à jour.

Merci !"

Partie 2 : Maîtriser le PEA à 100%

"Buy low, sell high.
Fear, that's the other guy's problem."

(Achetez bas, vendez haut.
La peur, ce n'est pas votre problème.)

***Un fauteuil pour deux* de**
John Landis

Chapitre 7 CTO vs PEA, quelles différences ?

I. Différences entre CTO et PEA

A. Définition de CTO et PEA

Bienvenue à la Partie 2, où je vais vous expliquer les différences entre CTO (Compte Titres Ordinaire) et PEA (Plan d'Epargne en Actions). Je suis sûr que vous avez déjà entendu parler de l'un ou de l'autre de ces comptes.

Définition du CTO

Le CTO est un compte de courtage qui vous permet d'acheter et de vendre des actions, des obligations et d'autres produits financiers. Il est généralement utilisé par les investisseurs qui achètent et vendent souvent des titres américains ou internationaux.

Définition du PEA

Le PEA, quant à lui, est un compte spécialement conçu pour les investisseurs français. Il leur offre des avantages fiscaux intéressants, mais a des limites quant à la quantité de titres que vous pouvez acheter et à la durée de détention de ces titres.

Maintenant que nous avons établi les définitions de base, continuons à examiner les différences clés entre CTO et PEA.

B. CTO et PEA, des objectifs et des utilisations différents

Le CTO

Le CTO (Compte Titres Ordinaire) est considéré comme un compte un peu plus “court terme” car il peut être utilisé pour des investissements avec des objectifs de gains rapides.

Toutefois, son utilisation doit être nuancée. En effet, beaucoup d'investisseurs célèbres n'ont pas accès au PEA comme Warren Buffett (car il est américain) et je peux vous assurer que leurs investissements ne sont pas pour du court terme ! Personnellement, j'utilise mon compte titre pour une durée d'investissement de minimum 20 ans !

Le PEA

Le PEA (Plan d'Épargne en Actions) est quant à lui un compte destiné à l'investissement dans des actions européennes. Il est conçu pour encourager les investisseurs à conserver leurs actions sur une longue période en offrant une exonération fiscale sur les gains réalisés.

Le PEA est donc un choix logique pour les investisseurs qui souhaitent développer une stratégie d'investissement à long terme avec l'objectif de gagner de l'argent à moyen et long terme.

2. Avantages et inconvénients du CTO

Comme vous le savez, dans ce livre j'ai fait le choix de me concentrer sur le PEA car je veux m'adresser spécifiquement aux investisseurs français et que je trouve que le PEA a des avantages non négligeables. Je précise quand même que j'ai également un CTO pour investir sur les actions américaines et internationales. N'oubliez jamais ce que l'on a vu précédemment, il faut toujours nuancer ce que vous lisez. En effet, je ne vous dis pas que le PEA est l'unique manière d'investir, bien au contraire. Mais pour des débutants français, je trouve que c'est une véritable mine d'or !

A. Avantages du CTO

- Plus grand choix d'actions internationales
- Aucune restriction quant à la durée de détention
- Absence de formalités administratives spécifiques

B. Inconvénients du CTO

- Imposition sur les plus-values à la source
- Pas de réduction d'impôt pour l'investissement en CTO (contrairement au PEA !)
- Moins de protection en cas de faillite de la banque ou de la plateforme de courtage en ligne (cela dépend des juridictions dans laquelle se situe le courtier qui détient votre CTO).

3. Avantages et inconvénients du PEA

A. Avantages du PEA

Le PEA offre de nombreux avantages pour les investisseurs, tels que :

- Exonération d'impôts : les gains réalisés à l'intérieur d'un PEA sont exempts d'impôts sur les plus-values et les dividendes, ce qui peut permettre aux investisseurs de réaliser des gains plus importants à long terme.

- Facilité d'utilisation : ouvrir un PEA est simple et rapide, et les investisseurs peuvent y accéder directement en ligne.

- Large choix d'actions : les investisseurs peuvent choisir parmi un large éventail d'actifs français et européens pour diversifier leur portefeuille et minimiser les risques.

- Durée illimitée : contrairement à d'autres plans d'épargne, un PEA n'a pas de durée de vie limitée, ce qui signifie que les investisseurs peuvent laisser leur argent investi aussi longtemps qu'ils le souhaitent.

B. Inconvénients du PEA

Chers investisseurs, il est important de souligner que le PEA n'est pas exempt de défauts. En tant qu'investisseur, il est essentiel de connaître les inconvénients potentiels pour faire un choix éclairé. Voici quelques-uns des inconvénients les plus courants du PEA :

- Limitations de montant : le PEA est limité à un montant de 150 000 euros par personne (exception pour le PEA-PME, voir chapitre 10), ce qui peut ne pas convenir aux investisseurs qui souhaitent investir une somme plus importante.

- Durée minimale : l'avantage fiscal offert par un PEA est lié à une période minimale d'investissement. En effet, un retrait du PEA avant les 5 ans minimum vous fera perdre vos avantages fiscaux.

- Restrictions sur les actions : le PEA est limité aux actions de sociétés européennes et françaises, ce qui peut limiter les options d'investissement pour les investisseurs souhaitant diversifier leur portefeuille à l'international. C'est pour ça que j'ai également un CTO, car je ne veux pas me priver de certaines opportunités incroyables.

Chapitre 8 Que peut-on acheter en bourse avec un PEA ?

---

1. Les produits financiers éligibles au PEA

A. Actions et ETF français

Dans ce chapitre, nous allons parler des produits financiers que vous pouvez acheter via un PEA. Avec un PEA, vous pouvez acheter des actions et des ETF français mais aussi européens.

Les actions et ETF français

Tout d'abord, je vais vous parler des actions et des ETF français. Voici selon moi les avantages d'investir dans ces actifs.

Connaissance du marché local

En investissant dans des entreprises françaises, vous avez une meilleure compréhension de l'environnement économique et des secteurs d'activité locaux vu que vous habitez en France. Vous avez donc accès à plus d'informations sur les entreprises et leur performance.

Contribuer à la croissance économique du pays

Investir dans des entreprises françaises signifie que vous contribuez à la croissance économique du pays en soutenant les entreprises locales et en permettant aux entreprises d'obtenir des financements pour leur développement futur.

De plus, en investissant dans des entreprises locales, vous aidez à soutenir l'économie française, ce qui peut être gratifiant en soi.

Investissement à long terme

Les entreprises françaises peuvent offrir un potentiel de croissance à long terme et des opportunités d'investissement rentables à long terme.

Vous pouvez profiter de la croissance de l'entreprise et de l'augmentation de sa valeur au fil du temps, ce qui peut se traduire par des gains importants sur le long terme.

C'est un moyen idéal pour construire votre patrimoine à long terme. N'oubliez pas que notre pays reste l'un des pays les plus riches dans le monde (7ème puissance mondiale selon le FMI en 2022, avec un PIB de 2 924 milliards de dollars) et qu'il a su se relever malgré de nombreuses difficultés !

Diversification de portefeuille

On a tendance à penser que les entreprises françaises ne sont présentes qu'en France. Or, il ne faut pas oublier que la plupart d'entre elles sont des multinationales !

Prenons l'exemple de l'entreprise LVMH, qui est une entreprise française.

À votre avis, dans quel pays est-ce qu'elle vend le plus ses produits ? Contrairement à ce que beaucoup de gens peuvent penser, c'est en Chine et aux États-Unis que LVMH réalise le plus gros de ses ventes !

Il en va de même pour des entreprises comme Carrefour, Sanofi, Schneider Electric, Orange, et bien d'autres encore. Ce sont des entreprises françaises qui vendent beaucoup dans d'autres pays !

B. Actions et ETF européens

Le PEA est aussi conçu pour investir dans des entreprises européennes. C'est un excellent moyen d'investir dans des entreprises situées dans différents pays et secteurs économiques.

Voici selon moi les avantages d'investir dans les actions européennes.

Diversification

Investir dans des entreprises européennes vous permet de diversifier votre portefeuille et de réduire le risque global en répartissant les investissements sur différents pays et secteurs économiques.

Opportunités économiques

Les différents pays européens peuvent offrir des opportunités économiques uniques et variées, vous donnant accès à des entreprises avec des modèles d'affaires différents et des perspectives de croissance.

L'Europe comprend des marchés dynamiques très intéressants pour vous comme l'Allemagne (4ème puissance mondiale selon le FMI en 2022, avec un PIB de 4 260 milliards de dollars), les pays scandinaves, les Pays-Bas, entre autres. Ces pays ont des entreprises fortes et en développement, dans les secteurs de la technologie, de la santé, des services financiers, etc. En investissant dans des entreprises européennes, vous pourriez bénéficier de la croissance de ces secteurs, tout en diversifiant votre portefeuille.

Accessibilité

Investir dans des entreprises européennes via le PEA est facile et accessible, car il n'y a pas besoin de s'occuper des formalités administratives liées à l'investissement direct dans d'autres pays !

Développement économique européen

En investissant dans des entreprises européennes, vous contribuez au développement économique de l'Europe, ce qui peut avoir un impact positif sur le marché financier à long terme. L'investissement dans les entreprises européennes peut être bénéfique pour ceux qui souhaitent participer à la croissance économique de l'Europe. Des pays comme l'Allemagne, les pays nordiques ou encore les pays de l'Est connaissent un développement économique solide et offrent des opportunités intéressantes pour les investisseurs.

En investissant dans des entreprises européennes, vous participez à la création d'emplois et à la stimulation de l'économie dans ces régions, ce qui peut avoir un impact positif sur les perspectives de croissance de ces entreprises et sur le marché financier en général !

2. Optimiser son PEA

A. Gérer son portefeuille de manière active ou passive ?

Une décision personnelle

Gérer son portefeuille de manière active ou passive est une décision personnelle qui dépend de votre temps, de vos connaissances et de vos objectifs financiers.

Le style actif implique une analyse constante des marchés financiers et des entreprises pour prendre des décisions d'achat et de vente de manière régulière. Cela nécessite un engagement important en termes de temps et de connaissances, mais peut potentiellement offrir des gains supérieurs.

Le style passif consiste simplement à acheter et à conserver un portefeuille diversifié sur une longue période. Cette stratégie est plus simple et requiert moins de temps et d'efforts, mais peut potentiellement offrir des gains plus modestes.

Quelle que soit votre approche, il est important de faire vos propres recherches et de comprendre les différentes options pour faire les meilleurs choix pour votre portefeuille PEA.

Mon conseil

Je privilégie l'approche passive à 100 % pour gérer mon PEA. Pourquoi ? Voici les raisons.

Moins de temps et d'effort nécessaires

En optant pour une approche passive, vous n'avez pas besoin de consacrer autant de temps et d'effort à la gestion de votre portefeuille. Vous n'avez pas besoin de suivre quotidiennement les performances de chaque titre, ni de faire des ajustements fréquents en fonction des fluctuations du marché. Vous pouvez vous concentrer sur le fait de gagner plus d'argent dans votre travail ou dans votre propre entreprise, que vous pouvez ensuite investir dans votre PEA !

Frais réduits

L'approche passive permet également de minimiser les frais liés à la gestion de votre portefeuille. Les ETF, qui représentent une option populaire pour une approche passive, ont généralement des frais de gestion très bas comparés aux fonds gérés activement.

Performance supérieure

Des études (une étude de Morningstar nommée "SPIVA Scorecard" et l'étude annuelle "S&P Dow Jones Indices SPIVA Europe Scorecard") ont montré que la plupart des fonds gérés activement ne parviennent pas à battre le rendement des indices sur le long terme, ce qui signifie que vous pouvez potentiellement obtenir des résultats supérieurs en optant pour une approche passive.

Il y a même une étude qui a prouvé que les plus grosses performances enregistrées dans des portefeuilles boursiers ont été réalisées par des personnes qui ont oublié qu'elles avaient un portefeuille boursier ou par des personnes décédées !

Stress réduit

Enfin, la gestion passive aide à réduire le stress lié à l'investissement en minimisant les prises de décision et les fluctuations du marché. Vous pouvez vous concentrer sur votre stratégie à long terme plutôt que sur les fluctuations à court terme du marché !

B. Prendre en compte les opportunités de marché.

Trouver des entreprises prometteuses dans des secteurs en croissance.

La clé du succès en matière d'investissement est de s'assurer que vous investissez dans les bonnes entreprises et secteurs.

Évaluez les tendances du marché et identifiez les secteurs en croissance et les entreprises qui ont un fort potentiel de croissance. Recherchez des entreprises qui ont un bon modèle d'affaires, une équipe de direction solide et une histoire de performance financière stable.

Faites votre propre recherche pour déterminer si une entreprise ou un secteur est un bon choix pour votre portefeuille. N'oubliez pas de vous référer à ce qu'on a vu dans les chapitres 4 et 5 afin de trouver des entreprises prometteuses dans des secteurs en croissance.

Mettre en place une stratégie d'investissement flexible

Cherchez à être flexible dans votre stratégie d'investissement. Les évolutions technologiques et les changements dans les secteurs économiques peuvent offrir de nouvelles opportunités.

Ne soyez pas bloqué dans le passé, car vous pourriez manquer des opportunités incroyables.

Par exemple, combien d'investisseurs ont manqué l'occasion de gagner beaucoup d'argent avec le boom d'Internet dans les années 2000-2010 simplement parce qu'ils n'ont pas vu l'énorme potentiel de ce secteur en développement ?

Attention à ne pas “sauter sur toutes les opportunités de marché” qui se présentent à vous, car certaines peuvent s'avérer peu fiables.

Il est toujours judicieux de rester vigilant et de ne pas se laisser emporter par le premier signe d'opportunité.

Chapitre 9 Tout savoir sur le PEA : conditions, plafond, retrait, etc.

---

1. Qui peut ouvrir un PEA ?

A. Critères d'éligibilité pour ouvrir un PEA

Pour ouvrir un PEA, vous devez remplir certaines conditions d'éligibilité. Les critères d'éligibilité incluent :

- Être domicilié fiscalement en France.
- Avoir plus de 18 ans.
- Avoir un compte bancaire en France.

B. Les conditions peuvent varier

Les critères d'éligibilité du PEA peuvent varier en fonction du type de PEA que vous allez choisir ainsi que de l'institution financière choisie. Il est donc primordial de vérifier auprès de votre établissement financier les exigences pour ouvrir un PEA.

Cela peut inclure des informations telles que l'âge minimum requis, la nationalité ou la résidence, ainsi que les exigences de dépôt minimum pour ouvrir un compte. En prenant le temps de vérifier ces détails auprès de votre institution financière, vous pouvez vous assurer que vous remplissez les critères nécessaires pour ouvrir un PEA. Rassurez-vous, dans le chapitre suivant je vous expliquais tout ce que vous devez savoir sur les différents types de PEA.

2. Comment ouvrir un PEA ?

Étape pour ouvrir un PEA

Pour ouvrir un PEA, vous devez suivre quelques étapes simples et fournir certains documents. Les démarches pour ouvrir un PEA peuvent varier en fonction de la banque ou du courtier que vous choisissez, mais voici les étapes générales à suivre :

1. Sélectionnez une banque ou un établissement financier qui propose des PEA.

2. Rassemblez les informations et documents nécessaires tels que votre pièce d'identité, votre numéro de sécurité sociale et vos coordonnées bancaires.

3. Remplissez le formulaire de demande de PEA avec les informations demandées.

4. Envoyez le formulaire dûment rempli avec les documents nécessaires à votre banque ou établissement financier.

5. Attendez la confirmation de l'ouverture de votre PEA.

3. Retraits

Que se passe-t-il si je retire l'argent de mon PEA avant les 5 ans ?

Voici ce qui est écrit sur le site officiel des impôts français au moment où j'écris ces lignes :

“Les retraits ou rachats partiels après le délai de 5 ans n'entraînent pas la clôture PEA. Le titulaire conserve la possibilité d'effectuer de nouveaux versements. En revanche, le retrait ou le rachat total entraînent une fermeture définitive du PEA.”

Conserver les fonds pendant au moins 5 ans

Le PEA est conçu pour être un investissement à long terme, il est donc nécessaire de conserver les fonds dans le compte pendant au moins 5 ans. Si vous retirez des fonds avant la fin de ce délai, vous devrez payer une pénalité du montant retiré.

Il y a cependant certaines conditions qui permettent un retrait anticipé sans pénalité :

- Si vous atteignez l'âge de la retraite.
- Si vous devenez inapte à exercer une activité professionnelle.
- Si vous voulez acheter votre première résidence principale.

Dans de tels cas, vous pouvez retirer les fonds sans pénalité, mais vous devrez toujours détenir les fonds dans le PEA pendant au moins 5 ans avant de les retirer. Il est donc important de connaître les conditions pour un retrait anticipé pour planifier votre stratégie d'investissement de manière efficace. C'est pourquoi vous devez bien comprendre ces conditions avant de décider d'investir dans ce type de compte.

Les retraits

Quant aux retraits, ils peuvent être effectués à tout moment, mais les retraits anticipés avant la durée minimale de détention de 5 ans peuvent entraîner des pénalités fiscales. En général, l'imposition des gains en capital sur les retraits anticipés est supérieure à celle sur les retraits après la durée minimale de détention de 5 ans.

Évolutions des conditions

Il est important de noter que ces informations sont sujettes à des modifications régulières par les autorités fiscales, il est donc toujours préférable de vérifier les dernières conditions auprès de votre banque ou établissement financier pour être sûr d'avoir des informations à jour. Les sources peuvent inclure les sites web officiels du gouvernement, les sites web des banques et des établissements financiers, ainsi que les publications fiscales.

4. Versements et plafond

Les conditions de versements pour un PEA peuvent varier en fonction de la banque ou de l'établissement financier choisi.

Le plafond du PEA classique est de 150 000 €. Son calcul ne prend pas en compte les gains réalisés depuis l'ouverture du plan.

5. Peut-on ouvrir plusieurs PEA ?

Malheureusement, un seul PEA peut être ouvert par personne majeure.

Chapitre 10 Choisir le type de PEA qui vous convient le mieux

1. Le PEA "classique"

A. Qu'est-ce que c'est un PEA "classique" ?

Un PEA classique est un compte d'épargne permettant d'investir en bourse, avec une fiscalité avantageuse. Il est soumis à un plafond de dépôt de 150 000 euros et à une durée minimale de détention de 5 ans, avec des conditions pour les retraits anticipés.

B. Quelles sont les entreprises sur lesquelles je peux investir avec ce PEA ?

Avec un PEA "classique", vous pouvez investir dans des actions cotées en bourse d'entreprises européennes. Vous pouvez aussi acheter des ETF, des fonds communs de placement et des obligations. Il est important de vérifier les critères d'investissement auprès de votre courtier pour être sûr de la liste des entreprises sur lesquelles vous pouvez investir.

C. *Quelles sont les conditions d'ouverture d'un PEA ?*

Pour ouvrir un compte PEA, vous devez remplir les conditions suivantes selon l'article L214-1 du Code monétaire et financier :

- Être résidant fiscal français
- Avoir un compte bancaire en France
- Avoir atteint l'âge de 18 ans
- Ne pas détenir un autre PEA

D. *Retrait*

Pour être plus précis dans mes propos, voici ce que vous pouvez lire sur le Site officiel du ministère de l'Économie, des Finances et de la Souveraineté Intellectuelle et Numérique, au moment où j'écris ces lignes :

"Retrait ou rachat avant 5 ans

Il est possible d'effectuer un retrait ou rachat sur votre PEA pendant les cinq premières années de son existence, mais cela entraîne alors la clôture du plan et le gain net réalisé depuis l'ouverture du plan est imposé au taux de 12,8 % (sauf si vous optez pour une imposition au barème progressif de l'impôt sur le revenu).

À savoir

Comme indiqué ci-dessus, les rachats ou retraits avant 5 ans entraînent la clôture du plan, sauf dans les cas suivants :

- *Lors de la reprise ou la création d'une d'entreprise.*
- *Suite à un licenciement, une invalidité ou la mise à la retraite anticipée du titulaire ou de son époux ou partenaire de Pacs.*
- *Lors du retrait du plan des titres de sociétés en liquidation.*

Retraits ou rachat après 5 ans

Si vous retirez de l'argent de votre PEA après ses cinq premières années d'existence, ce dernier n'est pas clôturé et les gains de votre PEA sont exonérés d'impôt sur le revenu.

À savoir

- *Notez que les revenus des titres non cotés détenus dans un PEA sont exonérés, chaque année, dans la limite de 10 % du montant de ces placements.*
- *Notez également que le retrait peut aussi prendre la forme d'une rente viagère, c'est-à-dire une somme versée périodiquement jusqu'au décès du bénéficiaire.*

Absence de retrait ou de rachat

Pendant la durée du PEA, les dividendes et les plus-values générés par les placements effectués dans le cadre du plan ne sont pas imposables, à condition d'être réinvestis dans le PEA."

E. Plafond

Le plafond du PEA des versements est de 150 000 euros.

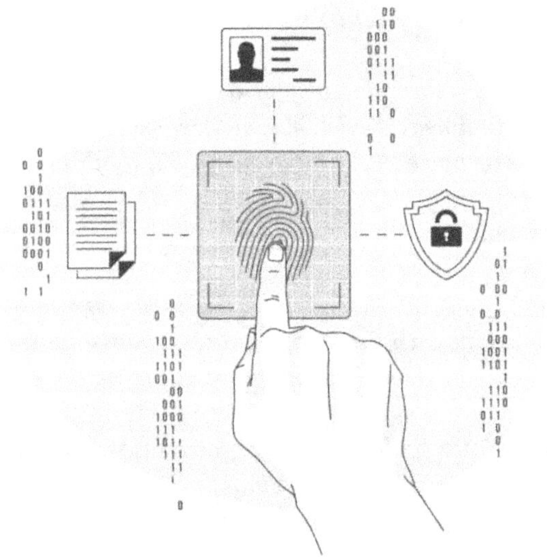

2. PEA-PME

A. Qu'est-ce que c'est un PEA-PME ?

Le PEA-PME (Plan d'Epargne en Actions pour les Petites et Moyennes Entreprises) est un type de PEA qui a été créé en 2014 pour permettre aux investisseurs de soutenir les PME françaises. Ce type de PEA a des conditions plus strictes en matière d'investissement, mais offre également des avantages fiscaux supplémentaires pour les investisseurs.

B. Quelles sont les entreprises sur lesquelles je peux investir avec le PEA-PME ?

Pour être éligible à un PEA-PME, l'entreprise une entreprise cotée doit remplir les critères suivants :

- Avoir son siège social en France.
- Avoir moins de 5000 employés.
- Avoir un chiffre d'affaires inférieur à 1,5 milliard d'euros ou un bilan total inférieur à 2 milliards d'euros.
- Avoir une capitalisation boursière inférieure à 1 milliard d'euros lors d'au moins un des 4 derniers exercices comptables.

Il y a une petite différence si l'entreprise est une entreprise non cotée. Elle doit remplir les critères suivants :

- Avoir son siège social en France.
- Avoir moins de 5000 employés.
- Avoir un chiffre d'affaires inférieur à 1,5 milliard d'euros ou un bilan total inférieur à 2 milliards d'euros.

Les investissements effectués dans le cadre d'un PEA-PME doivent être destinés à des actions d'entreprises françaises cotées ou non cotées. Les actions peuvent être détenues pendant au moins 2 ans.

Les investissements effectués dans le cadre d'un PEA-PME sont soumis aux mêmes conditions fiscales que les PEA classiques.

C. Ouverture du PEA-PME

Pour pouvoir ouvrir un PEA-PME vous devez être domicilié fiscalement en France.

D. Nombre de PEA-PME par personne

Pour être plus précis dans mes propos, voici ce que vous pouvez lire sur le site du service public français, au moment où j'écris ces lignes :

"Un seul PEA-PME peut être ouvert par personne, dans la limite de 2 plans par foyer fiscal : Ensemble de personnes remplissant une seule déclaration de revenus (exemple : époux, épouse et enfants à charge) (un PEA-PME pour vous et l'autre pour votre époux/se ou votre partenaire de Pacs).

Les personnes fiscalement à votre charge : Enfant mineur ou majeur rattaché au foyer fiscal de ses parents, qui est pris en compte pour le calcul de l'impôt sur le revenu (enfants par exemple) ne peuvent pas détenir un PEA-PME."

E. Retraits

Avant 5 ans

Les retraits partiels avant 5 ans entraînent la clôture du plan, sauf dans les cas suivants :

- Reprise ou création d'entreprise
- Licenciement, invalidité ou mise à la retraite anticipée du titulaire ou de son époux ou partenaire de Pacs
- Retrait du plan des titres de sociétés en liquidation

Après 5 ans

Les retraits partiels après 5 ans n'entraînent pas la clôture du plan. Le plan continue de fonctionner et il est possible de faire de nouveaux versements.

F. Plafond

Le plafond est différent du PEA classique, car dans le PEA-PME, le plafond est de 225 000 euros !

Le PEA-PME et le PEA classique sont cumulables. Mais la somme totale versée sur ces 2 plans par un même titulaire ne peut pas dépasser 225 000 euros ! Même en cas de cumul, le plafond du PEA classique ne peut pas dépasser les 150 000 euros.

3. PEA Jeune

A. Qu'est-ce que c'est un PEA Jeune ?

Le Plan Épargne en Actions Jeune (PEA-Jeune) est un produit d'épargne dédié aux jeunes entre 18 ans et 25 ans. Il a été créé pour encourager les jeunes à se familiariser avec l'investissement en bourse et à développer un portefeuille diversifié.

B. Pourquoi ouvrir un PEA Jeune ?

Le PEA Jeune, c'est votre opportunité de devenir un investisseur à part entière dès le plus jeune âge ! Avec le PEA Jeune, vous pouvez vous initier à la bourse sans stress, grâce à son accompagnement étape par étape. Ne manquez pas cette occasion de vous lancer dans l'investissement, car comme toute discipline que l'on souhaite apprendre dans la vie, plus on commence tôt, plus on devient meilleur rapidement !

C. Quelles sont les entreprises sur lesquelles je peux investir avec le PEA Jeune ?

Comme pour les autres types de PEA, le PEA-Jeune permet d'investir en actions, ETF et obligations françaises et européennes.

D. Que va devenir mon PEA Jeune après mes 25 ans ?

Lorsque le souscripteur atteint l'âge limite de 25 ans, le compte se convertit automatiquement en un PEA classique, avec un plafond de 150 000 euros. Cependant, pour que cette conversion soit possible, le souscripteur doit s'être émancipé du foyer fiscal de ses parents !

E. Retraits

Avant 5 ans de détention, un retrait sur le PEA Jeune peut être effectué, mais cela entraîne la clôture du contrat. Après 5 ans de détention, les retraits sont possibles sans condition.

F. Plafond

Le plafond du PEA Jeune est fixé à 20 000 euros. C'est selon moi le plus gros inconvénient de ce type de PEA... Mon conseil est de ne pas vous limiter à cela, car le plus important est de commencer à investir tôt pour profiter des fruits des intérêts composés !

Chapitre 11 Trouver le courtier idéal pour votre PEA

1. Prendre le temps de faire le bon choix

A. L'importance du choix du courtier

Bien choisir son courtier est crucial pour réaliser un investissement dans PEA. C'est pourquoi, il est important de prendre le temps de bien comprendre les différents critères à prendre en compte pour faire le bon choix.

B. Ce qu'il faut prendre en compte pour faire le meilleur choix

Pour faire le meilleur choix en matière de courtier pour votre PEA, il est important de prendre en compte plusieurs critères. Voici quelques éléments à considérer :

- Les frais de courtage : il est important de comparer les tarifs des différents courtiers afin de choisir celui qui offre le meilleur rapport qualité/prix.

- Les outils de trading : vérifiez les outils mis à disposition par le courtier pour effectuer vos trades (cela signifie simplement vos ordres d'achat et de vente). Les plateformes en ligne, les applications mobiles et les outils d'analyse doivent répondre à vos besoins.

- La qualité de l'assistance client : assurez-vous que le courtier dispose d'un support client fiable et disponible pour répondre à toutes vos questions.

- La réputation et l'expérience du courtier : choisissez un courtier bien établi et doté d'une solide expérience dans le domaine de l'investissement.

- Les options de placement disponibles : assurez-vous que le courtier propose les options de placement que vous souhaitez. Par exemple, certains courtiers ne proposent pas certains ETF ou certaines actions européennes.

2. Les différents types de courtiers

A. Les courtiers en ligne

Les courtiers en ligne sont de plus en plus populaires pour les investissements PEA en raison de leur coût abordable et de leur accessibilité. Ils permettent aux investisseurs de gérer leurs comptes en ligne et d'avoir accès à des outils de suivi en temps réel. Il existe plusieurs courtiers en ligne qui proposent des PEA.

Voici quelques-uns des plus populaires :

- Boursorama (c'est personnellement ce courtier que j'utilise, je vous recommande quand même de faire vos propres recherches).

- ING Direct,

- Fortuneo,

- Bourse Direct,

- BforBank.

B. Les courtiers traditionnels

Je ne vous recommande absolument pas les courtiers traditionnels et encore moins les banques. Les courtiers traditionnels ne sont pas adaptés à un usage moderne et leurs commissions bouffent littéralement vos rendements !

Les seuls qui vont s'enrichir, ce seront eux et non vous ! Je sais que certaines personnes sont plus rassurées à l'idée de faire confiance à un banquier mais je vous assure que c'est une très mauvaise idée. Même si vous entretenez une relation cordiale avec lui, n'oubliez pas que vous investissez pour vous enrichir et non pas pour les enrichir grâce aux commissions que vous allez leur donner...

Attention, je ne dis pas que les courtiers en ligne ne prennent pas de commission cependant leurs commissions sont bien plus justes et bien plus abordables !

3. Comment bien choisir son courtier

A. Évaluez vos besoins en termes d'investissement

Avant de choisir un courtier pour votre PEA, il est important de prendre en compte vos besoins en termes d'investissement. Vous devez évaluer votre niveau de connaissances et d'expérience en matière de placements en actions, ainsi que votre tolérance au risque.

En fonction de ces critères, vous pourrez déterminer si vous avez besoin d'un courtier qui vous propose un accompagnement personnalisé, ou si vous préférez opter pour une plateforme en ligne qui vous permet de gérer vous-même vos investissements. Il est important de prendre le temps de bien réfléchir à vos besoins pour faire le meilleur choix de courtier pour votre PEA.

B. Recherchez les tarifs et les commissions des courtiers

En bourse, une petite différence de coûts peut signifier une grosse différence de gains sur le long terme. C'est pourquoi, je vous recommande de comparer les tarifs et les commissions des différents courtiers.

Prenez le temps de faire des recherches sur les différents courtiers et de voir combien ils vous coûteront pour chaque transaction. Renseignez-vous bien sur les frais de tenue de compte, les frais d'inactivité et les frais de clôture.

Le but de tout investissement est de maximiser vos gains, alors n'oubliez pas de prendre en compte les coûts lorsque vous faites votre choix de courtier. En fin de compte, vous voulez trouver un courtier qui propose un bon équilibre entre les tarifs abordables et une plateforme solide et facile à utiliser pour vous aider à atteindre vos objectifs financiers !

C. Vérifiez la sécurité des fonds et les réglementations

Investir votre argent n'est jamais une décision à prendre à la légère !

Il est donc essentiel de vous assurer que le courtier que vous choisissez est réglementé et que vos fonds seront en sécurité. L'Autorité des Marchés Financiers (AMF) en France est l'organisme de réglementation des marchés financiers, il publie une liste noire des courtiers non autorisés en France. Si le courtier que vous avez choisi figure sur cette liste, cela signifie qu'il ne respecte pas les normes de sécurité et de protection des investisseurs.

Pour être encore plus sûr, je vous recommande de vérifier que le courtier est enregistré auprès d'une agence de protection des investisseurs telle que l'Autorité de Contrôle Prudentiel et de Résolution (ACPR) en France. Cela signifie que les fonds des clients sont protégés en cas de faillite du courtier. Enfin, il est toujours bon de vérifier les avis et les commentaires des clients actuels et passés sur le courtier que vous avez choisi, pour vous faire une idée de leur satisfaction quant à la qualité de leur service et de leur expérience en général. Pour cela, je vous recommande vivement le site Trustpilot, car les avis peuvent être difficilement truqués.

En somme, il est crucial de faire des recherches approfondies sur le courtier que vous avez choisi avant de faire un investissement, pour vous assurer de la sécurité de vos fonds et pour éviter tout risque potentiel.

Vous ne risquez quasiment rien si vous confiez vos fonds à l'un des courtiers suivants :

- Boursorama,
- ING Direct,
- Fortuneo,
- Bourse Direct,
- BforBank.

En effet, ils sont gérés par de grosses instances financières et ils ont subi tous les contrôles nécessaires.

D. Évaluez les outils et les fonctionnalités disponibles

En tant qu'investisseur, vous avez besoin d'un courtier qui vous offre les outils et les fonctionnalités nécessaires pour prendre les meilleures décisions d'investissement. Assurez-vous que le courtier que vous avez choisi offre une plateforme fiable et facile à utiliser, ainsi que des outils de recherche et d'analyse pour vous aider à prendre des décisions éclairées.

Par exemple, Boursorama met à disposition de ses clients des outils avancés, tels que des graphiques en temps réel, tous les ratios que nous avons vu précédemment et des analyses techniques, ce qui vous permet de prendre des décisions éclairées.

De plus, vous devez vous assurer que votre courtier offre une sécurité de niveau élevé pour protéger vos fonds et vos informations financières. Recherchez des courtiers qui utilisent des protocoles de sécurité de pointe et des systèmes de cryptage pour protéger vos informations.

Enfin, pensez à l'expérience utilisateur globale. Vous voulez un courtier qui est facile à utiliser, avec une interface conviviale et une assistance clientèle de qualité pour répondre à toutes vos questions.

J'aimerais vous partager mon retour d'expérience. Pour être totalement sincère et transparent avec vous, je trouve que le service client de Boursorama est vraiment performant et leur site internet et application sont pratiques à utiliser. Cependant, je ne les trouve pas assez transparents en ce qui concerne les frais.

Mon frère a un PEA chez Bourse Direct et je peux vous confirmer que leur service client est de qualité. En revanche, l'expérience utilisateur est mauvaise sur cette plateforme car le site n'est pas pratique à utiliser pour des débutants.

Chapitre 12 Réduire légalement vos impôts avec le PEA

1. Les avantages fiscaux du PEA

A. Pourquoi est-il important de réduire ses impôts ?

Lorsqu'il s'agit de finances personnelles, il est important de maximiser les profits et de minimiser les dépenses. C'est là où la réduction d'impôts entre en jeu. Plus vous pouvez réduire vos impôts, plus vous avez d'argent à investir dans d'autres opportunités qui peuvent vous aider à atteindre vos objectifs financiers plus rapidement. En fin de compte, c'est un moyen de vous assurer plus de contrôle sur votre argent et de faire en sorte qu'il travaille pour vous.

Le PEA est un excellent moyen de réduire vos impôts, car il offre des avantages fiscaux intéressants. Il est important de les comprendre et de les utiliser à votre avantage afin de maximiser vos gains et de minimiser vos dépenses fiscales.

B. Réduction de l'impôt sur les plus-values

La réduction de l'impôt sur les plus-values fait partie des avantages fiscaux offerts par le PEA en France. Selon la loi française, les gains réalisés à partir de la vente d'actions détenues dans un PEA pendant plus de 5 ans sont exemptés d'impôts sur les plus-values. Cette exonération s'applique également aux intérêts produits par le PEA.

Cependant, cette réduction ne s'applique qu'à certaines conditions, telles que le respect du plafond de versements annuels et la non-violation des règles de détention des titres. Les informations officielles sur les avantages fiscaux du PEA peuvent être trouvées sur le site web de l'Administration fiscale française.

C. Abattement fiscal sur les dividendes

L'abattement fiscal sur les dividendes est un dispositif fiscal français qui permet de réduire la charge fiscale sur les dividendes perçus par un contribuable. Cette réduction est prévue par la loi et est applicable à toutes les personnes qui perçoivent des dividendes en France.

Selon les articles 119 et 121 de la loi de finances pour 2018, les dividendes sont soumis à une retenue à la source de 12,8 % (au taux général), qui peut être réduite à 7,5 % en cas de versement par une société soumise à l'impôt sur les sociétés.

Cette retenue à la source peut être réduite ou même annulée en fonction des cas particuliers des contribuables (notamment en fonction de la durée de détention des actions) et des accords internationaux conclus par la France avec d'autres pays.

Ces abattements fiscaux sont soumis à des conditions strictes et doivent être respectés pour être éligibles.

Je vous recommande fortement de consulter les sources officielles du gouvernement français (tels que le site web de l'administration fiscale) ou de solliciter l'avis d'un expert-comptable pour obtenir des informations plus précises sur les modalités d'application de l'abattement fiscal sur les dividendes.

D. Report d'impôt sur les plus-values en cas de cession des actions

Le report d'impôt sur les plus-values en cas de cession des actions est une mesure fiscale française permettant aux investisseurs de reporter l'impôt sur les plus-values réalisées lors de la cession d'actions détenues dans un PEA à condition de réinvestir les gains dans un autre PEA dans les 12 mois suivant la cession.

Cette mesure fiscale est destinée à inciter les investisseurs à réinvestir leurs gains dans des actions plutôt que de les retirer, afin de soutenir la croissance économique du pays.

Les investisseurs doivent également tenir compte de la durée minimale de détention des actions nécessaire pour bénéficier du report d'impôt, qui est de 2 ans.

2. Comment profiter des avantages fiscaux ?

A. Conserver vos actions ou ETF plus de 5 ans pour bénéficier d'un taux d'imposition réduit

Les avantages fiscaux liés au PEA ne sont accessibles que si les actions sont conservées pendant plus de 5 ans. Il est donc important de faire preuve de patience pour maximiser vos avantages fiscaux !

B. Éviter de vendre rapidement vos actions ou ETF pour ne pas subir la clôture de votre PEA

Vendre rapidement vos actions ou ETF peut entraîner la clôture du PEA et la perte de tous les avantages fiscaux associés. Il est donc important de ne pas céder à la tentation de vendre immédiatement pour profiter pleinement des avantages fiscaux du PEA.

Rappelez-vous de conserver vos actions ou ETF plus de 5 ans pour bénéficier d'un taux d'imposition plus faible. Ça tombe bien, car la bourse donne ses meilleures performances sur le moyen et long terme !

C. Éviter de dépasser le plafond de versement pour ne pas perdre vos avantages fiscaux

L'Autorité des Marchés Financiers indique que le plafond de versement du Plan d'Épargne en Actions est fixé à 150 000 euros. Si ce plafond est dépassé, les avantages fiscaux liés au PEA seront perdus. Je vous recommande de planifier attentivement vos versements, pour profiter pleinement des avantages fiscaux du PEA !

3. Mon dernier conseil

J'espère que tout ce jargon fiscal ne vous aura pas trop fait mal à la tête ! Il était essentiel pour moi de vous fournir les informations les plus pertinentes afin de ne pas vous faire piéger par la complexité fiscale de notre pays...

Si jamais vous avez des questions en suspens, je vous recommande vivement de consulter un expert fiscaliste ou bien de demander conseil à votre courtier ! En effet, il est parfois préférable de perdre un peu de temps ou d'argent en consultant des spécialistes, que de faire des choix irréfléchis qui coûteront plus cher sur le long terme... De plus, il ne faut pas oublier que les lois évoluent. Ce qui était peut-être vrai hier, ne l'est peut-être plus aujourd'hui !

Conclusion

Beaucoup de gens sont intimidés par l'investissement en bourse et ne savent pas comment s'y prendre pour démarrer. C'est normal de se sentir intimidé avec toutes les informations et les termes techniques qui sont associés à ce sujet.

Il peut sembler difficile de savoir par où commencer. Cependant, cela ne doit pas être un frein à l'investissement. En fait, cela devrait être un appel à l'action pour se former sur les différentes stratégies d'investissement et comprendre comment elles vont vous aider à atteindre vos objectifs financiers. Cette ignorance conduit à une perte de temps et d'argent précieux, ce qui empêche d'atteindre ces objectifs.

De plus, ne pas investir signifie laisser passer des opportunités et laisser l'inflation réduire la valeur de votre argent au fil du temps. En d'autres termes, en ne s'investissant pas dans les marchés financiers, les gens perdent une chance de faire croître leur patrimoine et de construire un avenir financier solide pour eux-mêmes et leur famille. Ils sont prisonniers d'une situation financière qui les empêche de vivre la vie qu'ils souhaitent et de réaliser leurs rêves.

Ce qui est encore plus frustrant, c'est qu'ils peuvent voir les autres réussir financièrement, sans savoir comment ils pourraient faire la même chose. La peur de l'inconnu et l'ignorance peuvent être paralysantes, mais il est possible de prendre le contrôle de son avenir financier et de changer cette situation.

Grâce à ce livre, vous avez désormais les connaissances nécessaires pour comprendre l'investissement en bourse avec le PEA. Vous pouvez profiter de ces opportunités pour atteindre vos objectifs financiers à long terme. Il est temps de prendre le taureau par les cornes et de faire le premier pas vers un avenir financier plus prospère. N'hésitez plus, le moment est venu pour vous d'agir !

"J'aimerais à présent avoir votre avis sincère.

Comme vous le savez, ce n'est pas pour nourrir mon ego, mais plutôt pour m'indiquer ce que vous a apporté ce livre, ce que vous auriez éventuellement moins aimé, ce qui a pu vous manquer, de sorte que je puisse enrichir cet ouvrage qui évolue avec le temps puisque je continuerai de l'actualiser.

Je vous remercie sincèrement d'avoir lu mon livre et je vous souhaite tout le succès que vous méritez !"

Gabriel Massias

Sources

Livres

- Hagstrom, R. G. (2013). *The Warren Buffett Way*. Wiley.

- Graham, B., & Zweig, J. (2023). *The Intelligent Investor Rev Ed. : The Definitive Book on Value Investing*. Generic.

- Kabbaj, T., & Joulié, J. J. (2011). *Psychologie des grands traders*. Eyrolles.

- Lynch, P. (1999). *Et si vous en saviez assez pour gagner en bourse*. VALOR.

- Lynch, P., & Rothchild, J. (2012). *Beating the Street*. Simon & Schuster.

- Fisher, P. A. (2000). *Actions ordinaires et profits extraordinaires*. Valor.

- Horny, G. (2022). *Je me mets à la bourse pour les Nuls*. FIRST.

Sites

- Site officiel Légifrance (Code monétaire et financier, article L221-39 et Code monétaire et financier, article L214-1) : www.legifrance.gouv.fr
- Site officiel du ministère de l'Économie, des Finances et de la Souveraineté Intellectuelle et Numérique : www.economie.gouv.fr
- Site officiel de l'Autorité des Marchés Financiers (AMF) : https://www.amf-france.org/fr
- Site officiel de Boursorama : www.boursorama.com
- Site officiel de Bourse Direct : www.boursedirect.fr/
- Site officiel d'Investing : www.investing.com
- Site officiel de Morning Star : www.morningstar.fr/fr/
- Site officiel de Zone Bourse : www.zonebourse.com

Images

- www.freepik.com

www.ingramcontent.com/pod-product-compliance
Lightning Source LLC
La Vergne TN
LVHW010945051026
849532LV00003B/1142
* 9 7 9 8 2 3 2 6 3 3 0 0 4 *